史记·
货殖列传

(外三种)

[西汉] 司马迁 等·著
刘子裕·译注

中国友谊出版公司

图书在版编目（CIP）数据

史记·货殖列传：外三种／（西汉）司马迁等著；刘子裕译注. -- 北京：中国友谊出版公司，2025.7.
ISBN 978-7-5057-6144-5

Ⅰ．K204.2；F092.2

中国国家版本馆 CIP 数据核字第 2025UE8911 号

书名	史记·货殖列传：外三种
作者	［西汉］司马迁等
译注	刘子裕
出版	中国友谊出版公司
发行	中国友谊出版公司
经销	新华书店
印刷	易阳印刷河北有限公司
规格	880 毫米×1230 毫米　32 开 7 印张　175 千字
版次	2025 年 7 月第 1 版
印次	2025 年 7 月第 1 次印刷
书号	ISBN 978-7-5057-6144-5
定价	49.80 元
地址	北京市朝阳区西坝河南里 17 号楼
邮编	100028
电话	（010）64678009

前　言

"仓廪实而知礼节，衣食足而知荣辱。"经济活动，乃社会运行之基石、民生安乐之所系。欲窥探历史之兴衰，体察世风之变迁，经济层面实为不可或缺之视角。《货殖列传》者，史家之鸿篇巨制，旨在记述社会经济之脉络，刻画商贾百态，揭示财富流转之规律。然历代史籍中，论及经济者散见各处，未有专集辑录，殊为憾事。

今为使读者更全面、深入地了解中国古代经济思想与实践，特辑录相关史料，汇成此《货殖列传》。本书并非仅限于《史记》中之《货殖列传》，而是广搜博采，兼及其他重要文献，力求呈现一幅更为完整、立体的古代经济图景。具体而言，本书内容涉及文献主要包括：

其一，《史记·货殖列传》。此乃司马迁之不朽名篇，开创了史书立传之新例，以生动之笔触，描绘了春秋战国至汉初众多商贾的形象，展现了彼时社会经济之繁荣与活力，并深刻阐述了作者独特的经济思想，如"天下熙熙，皆为利来；天下攘攘，皆为利往"等名句，至今仍发人深省。

其二，《史记·平准书》。此篇详述汉武帝时期之财政政策，如币制改革、盐铁官营等，揭示了国家如何通过调控经济手段以应对财政危机、巩固统治。通过此篇，读者可深入了解汉代国家干预经济的实践，以及由此引发的社会影响。

其三，《汉书·食货志》。此篇继承并发展了《史记》的经济思想，系统论述了汉代的农业、商业、货币、赋税等制度，并对王莽时期的经济政策进行了深刻的批判。通过对比两汉的经济政策，读者可更清晰地认识到不同制度选择对社会经济发展所产生的巨大影响。

其四，《资治通鉴·汉纪（节选）》。《资治通鉴》作为编年体史书之巨著，亦有诸多关于经济事件的记载。本书特选取其中与前三部分内容相关的汉代经济史料，以补充前述内容之不足，并提供时间线索，使读者对汉代经济发展脉络有更清晰的认识。

本书之编纂，旨在为读者提供一部较为全面、系统之中国古代经济史料汇编，既可作为了解古代社会经济状况之窗口，亦可为今人研究经济问题提供历史借鉴。然因编者学识有限，疏漏之处恐难避免，敬请读者不吝指正。

目　录

史记·货殖列传	001
史记·平准书	048
汉书·食货志	102
资治通鉴·汉纪（节选）	166
汉纪一	166
汉纪三	167
汉纪四	172
汉纪五	177
汉纪六	180
汉纪七	184
汉纪十一	193
汉纪十二	197
汉纪十四	202
汉纪十九	207
汉纪二十	208
汉纪二十九	211

史记·货殖列传

〔原文〕

老子曰:"至治①之极,邻国相望,鸡犬之声相闻,民各甘其食,美其服,安其俗,乐其业,至老死不相往来。"必用此为务,挽近世②涂③民耳目,则几无行矣。

〔注释〕

① 至治:至善至美的政治局面,可理解为太平盛世或天下太平。
② 挽近世:"晚近世",距离现今最近的时代。
③ 涂:堵塞。

〔译文〕

老子说:"太平盛世到了极致,邻近国家的人们互相望得见,鸡鸣狗吠的声音也互相听得到,但各国的人民都觉得自己的食物是最美味的,自己的衣服是最漂亮的,习惯于自己的风俗,乐于从事自己的事业,直到老死都不互相来往。"如果在近代仍然要按这种方式做事,就等于堵住人们的耳朵和眼睛,那几乎是不可能做到的。

〔原文〕

　　太史公曰：夫神农以前，吾不知已。至若《诗》《书》^①所述虞夏以来，耳目欲极声色之好，口欲穷刍豢^②之味，身安逸乐，而心夸矜势能之荣。使俗之渐^③民久矣，虽户说以眇论^④，终不能化。故善者因之，其次利道之，其次教诲之，其次整齐^⑤之，最下者与之争。

〔注释〕

① 《诗》《书》：《诗经》和《尚书》。
② 刍（chú）豢（huàn）：各种牲畜，泛指肉类。刍，牛、羊等吃草的牲畜。豢，猪、狗等吃粮的牲畜。
③ 渐：熏染，即慢慢影响。
④ 眇（miǎo）论：精妙的言论。眇，通"妙"，精微，奥妙。
⑤ 整齐：以规章制度约束使之规矩。

〔译文〕

　　太史公司马迁说："神农氏之前的事情，我不知晓。至于《诗经》和《尚书》中记载的从虞舜、夏朝以来的情况则是，人们的耳朵总想听尽最悦耳的声音，眼睛总想看尽最美好的景象，嘴巴总想尝尽各种肉食美味，身体安逸舒适，内心还喜欢炫耀权势和才能带来的荣耀。这种风气已经在百姓中传播熏染很久了。即使用老子那些精妙深奥的言论挨家挨户去劝导开化，也终究无法感化百姓。因此，最好的办法是顺应这种趋势，其次是因势利导，再次是通过教化引导，又次是用规章制度进行约束，而最糟糕的办法就是与百姓争夺利益。"

〔原文〕

　　夫山西饶材、竹、榖①、纑②、旄、玉石；山东多鱼、盐、漆、丝、声色；江南出楠③、梓、姜、桂、金、锡、连④、丹沙、犀、玳瑁⑤、珠玑、齿革；龙门、碣石⑥北多马、牛、羊、旃裘⑦、筋角；铜、铁则千里往往山出棋置：此其大较也。皆中国人民所喜好，谣俗被服饮食奉生送死之具也。故待农而食之，虞⑧而出之，工而成之，商而通之。此宁有政教发征期会⑨哉？人各任其能，竭其力，以得所欲。故物贱之征贵，贵之征贱，各劝其业，乐其事，若水之趋下，日夜无休时，不召而自来，不求而民出之。岂非道之所符，而自然之验邪？

〔注释〕

① 榖（gǔ）：木名，即楮木（一名构木），皮可制桑皮纸。
② 纑（lú）：苎麻一类的植物，可以织布。
③ 楠（fēn）：有香味的木头。一说为"楠"，楠木。
④ 连：同"链"，铅矿。
⑤ 玳（dài）瑁（mào）：从玳瑁（一种海龟）壳上取得的可做珍贵装饰品的甲片。
⑥ 碣（jié）石：今河北昌黎县西北的碣石山。
⑦ 旃（zhān）裘："毡裘"，毡子和皮衣。
⑧ 虞：古代掌管山林水泽的官员，这里代指渔猎采集者。
⑨ 期会：约定日期会面或聚集。

〔译文〕

　　太行山以西地区盛产木材、竹子、楮木、苎麻、牦牛尾、玉石一类；太行山以东地区盛产鱼类、盐、漆树、丝绸、歌舞女色；江南地区出产香木、梓木、生姜、桂花、黄金、锡、铅、朱砂、犀牛角、玳瑁、珠宝、象牙和兽皮；龙门山和碣石山以北的地方，富有马、牛、羊、毡裘、兽筋和兽角；铜矿和铁矿分布在方圆千里的山间，像棋盘上密布的棋子一样随处可见。这就是各地物产的大致情况。这些物品都是中国百姓日常喜爱的，是风俗习惯中用于穿戴、饮食、养生和送葬仪礼的重要物资。因此，人们需要依靠农民耕种来获取粮食，依靠渔猎采集者获取物产，依靠工匠加工制造物品，还需要依赖商人运销使物资流通起来。这些事情难道还需要官府下令动员百姓，规定期限会集行动吗？人们只需各自发挥自己的才能，尽力去做，就能够满足自己的需求。商品便宜时，人们就会运输到他处卖个好价钱；商品贵的时候，人们就会从外地寻找便宜的货源。大家努力经营自己的事业，并乐在其中，就像水自然流向低处，日夜不停。无须任何人召唤就自发行动，不用任何人强求就主动生产。这不正是符合天道规律、体现自然法则的明证吗？

[原文]

《周书》①曰："农不出则乏其食，工不出则乏其事，商不出则三宝②绝，虞不出则财匮少。"财匮少而山泽不辟矣。此四者，民所衣食之原也。原大则饶，原小则鲜。上则富国，下则富家。贫富之道，莫之夺予，而巧者有余，拙者不足。故太公望封于营丘，地潟卤③，人民寡，于是太公劝其女功④，极技巧，通鱼盐，则人物归之，繦至⑤而辐凑⑥。故齐冠带衣履天下，海岱⑦之间敛袂⑧而往朝焉。其后齐中衰，管子修之，设轻重⑨九府⑩，则桓公以霸，九合诸侯，一匡天下；而管氏亦有三归⑪，位在陪臣⑫，富于列国之君。是以齐富强至于威、宣⑬也。

〔注释〕

① 《周书》：相传为记载周代史事之书，属《尚书》内容。

② 三宝：泛指各种珍贵商品。据此文应指粮食、器物、财富。

③ 潟（xì）卤：指盐碱地，不适合耕种。

④ 女功：又作"女工""女红"，指女子所做的针线、刺绣、缝纫等工作。

⑤ 繦（qiǎng）至：络绎而来。繦，穿成串的铜钱。

⑥ 辐凑：形容人或物从四周聚集一处，就像车辐集中于车毂一样。

⑦ 海岱：今山东省渤海至泰山之间的地带。海，渤海。岱，泰山。

⑧ 敛（liǎn）袂（mèi）：将衣袖收拢起来，使其整齐有序。袂，衣袖。

⑨ 轻重："轻重相衡"，《管子·轻重》的核心思想，指通过调节商品的供求关系来稳定物价。

⑩ 九府：掌管财政的九个官署。

⑪ 三归：三归台，相传是管仲为自己所修。

⑫ 陪臣：诸侯国的大夫对周天子自称陪臣。

⑬ 威、宣："威"即齐威王，"宣"即齐宣王。

〔译文〕

《周书》上说："农民不耕种，粮食就会不足；工匠不制作，器物就会缺乏；商人不经商，各种珍贵的商品就会断绝供应；渔猎采集者不采集，资源就会匮乏。"而资源一旦匮乏，山林水泽也就无法进一步开发了。农、工、商和渔猎这四个方面，是百姓衣食的来源。来源充足则富足，来源匮乏则贫困。往上说可以使国家富强，往下说可以让百姓富足。贫与富的规律，不是因为剥夺或施与，而是因为聪明能干的人能够财富有余，而懒惰愚笨的人往往生活贫困。本来姜太公被封于营丘时，那片土地多为盐碱地，人口也稀少。于是，姜太公大力提倡妇女从事纺织、刺绣，推崇工艺技巧，同时推动当地人将鱼类和海盐运往其他地区销售。结果，外地的物资和人群流入齐国，就像绳索相连一样络绎不绝，又像车辐集中于毂一般来归。因此，齐国能生产帽子、腰带、衣服和鞋子供天下人使用，渤海与泰山之间的各个诸侯也都整理衣袖前来朝拜齐国。后来，齐国从兴盛中衰落，管仲接手治理，延续了姜太公的事业，设立了调节物价和经济的"九府"制度，实施"轻重相衡"的政策，设置了九个管理财政的官署，使齐桓公得以称霸，多次召集诸侯会盟，匡正天下；而管仲也有为自己修建的三归台，地位堪比诸侯国国君。因此，齐国的富强一直延续到了齐威王、齐宣王时代。

[原文]

故曰："仓廪实而知礼节，衣食足而知荣辱。"礼①生于有而废于无。故君子富，好行其德；小人富，以适其力。渊深而鱼生之，山深而兽往之，人富而仁义附焉。富者得势益彰，失势则客无所之，以而不乐。夷狄益甚。谚曰："千金之子，不死于市。②"此非空言也。故曰："天下熙熙，皆为利来；天下攘攘，皆为利往。"夫千乘之王，万家之侯，百室之君，尚犹患贫，而况匹夫编户之民③乎！

【注释】

① 礼：古代社会一套完整的行为规范和道德准则，也是社会等级、礼节仪式等的体现。
② 千金之子，不死于市：富贵人家的子弟，不会因犯法而被处死于闹市街头。
③ 编户之民：编入户籍的平民。

【译文】

　　所以说："储存粮食的仓库充实了，人们便懂得礼节；衣物和食物充足了，人们便明白荣辱。""礼"是因为富有而产生，同时又会因为贫穷而废止。所以，君子一旦富有，就会积极地去践行仁义之道；小人一旦富有，也会适当出力做善事。水潭足够深了，鱼就在那里繁衍；山林足够深了，野兽就会去那里生活；人足够富有了，仁义之德就会自然而然地伴随左右。富有的人有了权势，地位会更显赫；一旦失势，依附于他的门客也无处可去，因而心中不悦。蛮夷之地，这样的情况更加严重。俗话说："富贵人家的子弟，不会因犯法而被处死于闹市街头。"这可不是一句空话。所以说："天下的人往来忙碌，都是为了利益。"拥有千辆兵车的君王，拥有万户封地的诸侯，拥有百室封邑的大夫，尚且害怕贫困，更何况那些寻常百姓！

[原文]

　　昔者越王句践困于会稽之上，乃用范蠡、计然①。计然曰："知斗则修备，时用则知物，二者形则万货之情可得而观已。

故岁在金，穰②；水，毁；木，饥；火，旱。旱则资舟，水则资车，物之理也。六岁穰，六岁旱，十二岁一大饥。夫粜③，二十病农，九十病末④。末病则财不出，农病则草不辟矣。上不过八十，下不减三十，则农末俱利，平粜齐物，关市⑤不乏，治国之道也。积著⑥之理，务完物，无息币。以物相贸，易腐败而食之货勿留，无敢居贵。论其有余不足，则知贵贱。贵上极则反贱，贱下极则反贵。贵出如粪土，贱取如珠玉。财币欲其行如流水。"修之十年，国富，厚赂战士，士赴矢石，如渴得饮，遂报强吴，观兵⑦中国，称号"五霸"。

〔注释〕

① 计然：春秋战国时人，名研。一说姓辛，字文子。曾南下越国游历，范蠡以师礼相待。

② 穰（ráng）：收成好，丰收。

③ 粜（tiào）：卖出粮食，与籴（dí）相对。

④ 末：商业。

⑤ 关市：通常指设在交通要道上的市集。

⑥ 著：古同"贮"，囤积。

⑦ 观兵：阅兵以显示军威。

〔译文〕

　　以前，越王勾践被困在会稽山上面，于是提拔了范蠡和计然。计然说："知道要打仗就要做好战争的准备，了解人们什么时候需要什么东西就算懂得了商品。把这两点结合起来，那么各种商品的市场行情也就能看明白了。因此，太岁星在西方（五行属金），就会丰收；太岁星在北方（五行属水），就会亏损；太岁星在东方（五行属木），就会饥荒；太岁星在南方（五行属火），就会干旱。干旱之年就要储备船只，水涝之年就要储备车辆，这便是事物的规律。通常，六年会遇到一次丰收，六年会遇到一次干旱，十二年就会出现一次大饥荒。卖出粮食，每斗二十钱时，农民就会遭受损失；每斗九十钱时，商人就会遭受损失。商人遭受损失的话，钱财就流通不畅；农民遭受损失，田地就会荒芜。粮食价格每斗最高不超过八十钱，最低不少于三十钱，这样农民和商人都会有利可图，使粮食价格稳定，其他商品价格也会相对稳定，关卡的税收就不会缺乏，这是一种治国之道。积贮的规律则是，务必要保证货物完好，不要积贮货币。用货物相互交换，不要囤留容易腐败和损耗的东西，不要冒险囤积货物以求高价。分析商品的供求情况，就能知道价格的高低。价格高到极点就会回落，价格低到极点就会上涨。商品价格高时，应该像对待粪土一样毫不犹豫地卖出；商品价格低时，应该像对待珠宝一样积极地买进。钱财要像流水一样流通起来。"按照计然的策略治理国家十年，越国富强起来，用重金犒赏士兵，士兵们冲锋陷阵，就像渴了得到水一样，终于向强大的吴国报了仇，在中原地区展示武力，号称"五霸"之一。

[原文]

　　范蠡既雪会稽之耻，乃喟然而叹曰："计然之策七，越用其五而得意。既已施于国，吾欲用之家。"乃乘扁舟浮于江湖，变名易姓，适齐为鸱夷子皮，之陶为朱公。朱公以为陶天下之中，诸侯四通，货物所交易也。乃治产积居。与时逐[①]而不责于人。

故善治生②者，能择人而任时③。十九年之中三致千金，再分散与贫交疏昆弟④。此所谓富好行其德者也。后年衰老而听子孙，子孙修业而息⑤之，遂至巨万⑥。故言富者皆称陶朱公。

【注释】

① 与时逐：顺应时势逐利。
② 治生：谋生。
③ 任时：把握时机。
④ 疏昆弟：远房的同姓弟兄。
⑤ 息：增长，引申为发展。
⑥ 巨万：《史记·平淮书》："京师之钱累巨万，贯朽而不可校。"裴骃集解引韦昭曰："巨万，今万万。"据此可知，"巨万"相当于现在的"亿"。"巨万"多用来形容钱财或物资数量极大，常与"累""积"等词搭配。

【译文】

范蠡帮助越王勾践洗雪了会稽山被困的耻辱之后，长叹一声说："计然的谋略有七条，越国只用了其中的五条就获得了满意的结果。既然这些谋略在治理国家上如此有效，我想把它们运用到治家上。"于是，他乘着一叶扁舟漂泊在江湖上，改名换姓，到了齐国就化名鸱夷子皮，到了陶邑就化名朱公。朱公认为陶邑地处天下中心，四面通往各个诸侯国，货物交易非常便利。于是，他开始经营产业，积攒财富，顺应时势逐利，却不苛求他人。所以说，善于谋生的人，能够选择合适的人才，并能把握时机。十九年间，他三次积累了千金的家财，又两次将这些财富分给了贫困的朋友和远房的兄弟。这就是人们所说的"富有的人乐于行善"啊。后来范蠡年老衰弱，将产业交由子孙打理，子孙继承并发展了他的产业，最终积累了巨万家财。所以，后人谈论富人时，都会称颂陶朱公。

【原文】

子赣①既学于仲尼，退而仕于卫，废著②鬻财③于曹、鲁之间，七十子之徒，赐最为饶益④。原宪不厌糟糠，匿于穷巷。子贡结驷连骑⑤，束帛之币以聘⑥享诸侯，所至，国君无不分庭与之抗礼。夫使孔子名布扬于天下者，子贡先后⑦之也。此所谓得势而益彰者乎？

【注释】

① 子赣：子贡，孔子弟子，姓端木，名赐。
② 废著：也作"废居"，意思是货物低买高卖，以求厚利。废，卖出。
③ 鬻（yù）财：做生意；赚钱。鬻，卖。
④ 饶益：富有。
⑤ 结驷连骑：四匹马齐头拉车，形容排场、阔绰。
⑥ 聘：古代国与国之间遣使访问。
⑦ 先后：辅助。

【译文】

子贡曾经跟随孔子学习，后来离开孔子，到卫国去做官。他利用低买高卖的方式，在曹国和鲁国之间做生意。在孔子所有的学生中，他是最富有的。孔子的另一个学生原宪却连糟糠都不够吃，只能隐居在偏僻的小巷子里。子贡出行时乘坐豪华的四马马车，带着丰厚的礼物去拜访诸侯。无论走到哪里，各国的国君没有一个不对他礼遇有加，并以宾主之礼平等相待。正是子贡在人前人后默默辅助孔子，才使得孔子名扬天下。这就是所谓的"得势而益彰"吧？

〔原文〕

　　白圭，周①人也。当魏文侯时，李克务尽地力②，而白圭乐观时变，故人弃我取，人取我与。夫岁孰③取谷，予之丝漆；茧出取帛絮，予之食。太阴④在卯，穰；明岁衰恶⑤。至午，旱；明岁美。至酉，穰；明岁衰恶。至子，大旱；明岁美，有水。至卯，积著率岁倍。欲长钱，取下谷；长石斗，取上种。能薄饮食，忍嗜欲，节衣服，与用事僮仆同苦乐，趋时⑥若猛兽挚⑦鸟之发。故曰："吾治生产，犹伊尹、吕尚之谋，孙吴用兵，商鞅行法是也。是故其智不足与权变，勇不足以决断，仁不能以取予，强不能有所守，虽欲学吾术，终不告之矣。"盖天下言治生祖⑧白圭。白圭其有所试矣，能试有所长，非苟而已也。

〔注释〕

① 周：战国时期的小国西周国。
② 尽地力：充分发挥土地的产能。
③ 岁孰：当年的收成非常好。
④ 太阴：常作"太岁"，指木星。
⑤ 衰恶：衰落、困恶，表示情况不好。
⑥ 趋时：抓住时机。
⑦ 挚：通"鸷"，凶猛。
⑧ 祖：效法或沿袭。

[译文]

白圭，西周国人。在魏文侯当政的时候，李克致力于充分发挥土地产能，重视农业生产，而白圭却善于观察时世的变化，因此：当大家都抛弃某种商品时，他就去买进；当大家都争着购买某种商品时，他就卖出。这一年的粮食收成好，他就买进粮食，卖出丝和漆；蚕茧出丝时，他就买进丝织物和丝绵，卖出粮食。当太岁星在卯位（东方）时，这一年粮食丰收，但第二年年景就会变差。太岁到午位（南方）时，这一年会发生旱灾，但第二年年景就会变好。太岁到酉位（西方）时，这一年粮食丰收，但第二年年景就会变差。太岁到子位（北方）时，这一年会发生大旱，但第二年年景就会变好，而且雨水适时。当太岁再次到卯位时，他囤积的货物数量大概会比往年多一倍。如果想增加钱财，就买进质量差的谷物；如果想大量存储在石斗里，就买进优质的谷物。他能够不注重饮食，克制欲望，节俭衣物，和做事的仆人同甘共苦，但抓住时机时就像凶猛的禽兽猎食那样迅速。所以他说："我做生意，就像伊尹、吕尚谋划国家大事一样，就像孙子、吴起指挥军队打仗一样，就像商鞅推行变法一样。因此，如果一个人的智慧做不到灵活变通，勇气做不到果断决策，仁德做不到获取和给予公正，意志做不到坚守原则，即使他想学我的经商之道，我也不会告诉他。"天下人谈论经商之道都以白圭为典范。白圭的成功或许是因为他有所尝试，而且能够在尝试中有所长进，不是随随便便就能做到的。

[原文]

猗顿用盬盐①起。而邯郸郭纵以铁冶成业，与王者埒②富。

〔注释〕

① 盬(gǔ)盐：池盐。盬，古盐池名。
② 埒(liè)：等同。

〔译文〕

猗顿是依靠池盐起家的。而邯郸的郭纵则是凭借冶铁成就家业的，财富可与诸侯王比肩。

〔原文〕

乌氏倮①畜牧，及众，斥卖，求奇缯②物，间献遗戎王。戎王什倍③其偿，与之畜，畜至用谷量马牛。秦始皇帝令倮比封君，以时与列臣朝请。而巴（蜀）寡妇清，其先得丹穴④，而擅其利数世，家亦不訾⑤。清，寡妇也，能守其业，用财自卫，不见侵犯。秦皇帝以为贞妇而客之，为筑女怀清台。夫倮鄙人牧长，清穷乡寡妇，礼抗万乘⑥，名显天下，岂非以富邪？

〔注释〕

① 乌氏(zhī)倮(luǒ)：秦乌氏县（战国秦惠王置，今甘肃平凉市东）一个叫倮的人，此人以畜牧致富。
② 缯(zēng)：古代统称丝织品为"缯"。
③ 什倍：十倍。
④ 丹穴：丹砂矿，即朱砂矿。
⑤ 不訾(zī)：不可计数。訾，计量。
⑥ 万乘：意指"万乘之君"，即大国的国君。

【译文】

　　乌氏的倮放养牲畜,等到数量多了,就卖掉,然后去买一些稀罕的丝织物和其他物品,偷偷地送给戎王。戎王给倮十倍的报酬,还送给他很多牲畜,牲畜数量多到可以用谷来衡量。秦始皇下令让倮位同有封邑的贵族,有资格和其他大臣一起定期朝见皇帝。巴郡有个寡妇叫清,她的祖先发现了朱砂矿,他们家族世代独占这个矿的收益,家产多得不可计数。清是一个寡妇,她能守住祖上的产业,用钱来保护自己不受人侵犯。秦始皇认为她是一个贞洁的妇女,把她当作客卿来对待,还为她修建了一座"女怀清台"。倮只是个偏僻之地的牧场主,清只是个荒远乡村的寡妇,他们却得皇帝以宾客的礼节相待,闻名天下,难道不是因为富有吗?

【原文】

　　汉兴,海内为一,开关梁①,弛山泽之禁,是以富商大贾周流②天下,交易之物莫不通,得其所欲,而徙豪杰诸侯强族于京师。

【注释】

① 关梁:关口和桥梁,交通要地。
② 周流:周游,走遍。

【译文】

　　汉朝建立后,天下一统,于是开放了各地的关口和桥梁,解除了对山泽的禁令,所以富商大贾得以自由地在全国各地来往,各种各样的货物都能畅通无阻地交易,想要什么就能得到什么。同时,朝廷还将那些豪强、诸侯和大户迁到京城。

[原文]

关中自汧、雍以东至河、华，膏壤沃野千里，自虞夏之贡以为上田，而公刘适邠①，大王②、王季在岐，文王作丰，武王治镐，故其民犹有先王之遗风，好稼穑，殖五谷，地重，重为邪孝。及秦文、德、缪③居雍，隙陇蜀之货物而多贾。献公徙栎邑，栎邑北却戎翟，东通三晋，亦多大贾。孝、昭治咸阳，因以汉都，长安诸陵，四方辐凑并至而会，地小人众，故其民益玩巧而事末也。南则巴蜀。巴蜀亦沃野，地饶卮、姜、丹沙、石、铜、铁、竹、木之器。南御滇僰，僰僮④。西近邛、笮⑤，笮马、旄牛。然四塞，栈道千里，无所不通，唯褒斜⑥绾毂⑦其口，以所多易所鲜。天水、陇西、北地、上郡与关中同俗，然西有羌中之利，北有戎翟之畜，畜牧为天下饶。然地亦穷险，唯京师要其道。故关中之地，于天下三分之一，而人众不过什三；然量其富，什居其六。

[注释]

① 公刘适邠：公刘迁居到豳（bīn）。公刘，古代周族领袖，传说是后稷的曾孙。邠（bīn），同"豳"。
② 大王：古公亶父，即周太王，传说是后稷的第十二代孙。
③ 文、德、缪：秦文公、秦德公、秦穆公。
④ 僰（bó）僮（tóng）：一般指汉代被掠卖为奴的僰人。僰，古族名，

该族曾建有僰侯国。

⑤ 邛（qióng）、筰（zé）：均为古族。邛，即"邛都夷"，汉代西南夷之一，分布在今四川凉山彝族自治州西昌、德昌地区。筰，即"筰都夷"，散居在今四川汉源地区。

⑥ 襃斜：亦作"褒斜"，即褒斜古道，因该古道取道褒水、斜水两河谷，故名。

⑦ 绾毂：比喻地处交通要地，可起联络、扼制作用。

【译文】

从关中地区的汧、雍两地向东延伸到黄河、华山，肥沃的土地有千里之阔，自虞舜、夏禹实行租赋制度时起便被视为上等的良田。周朝的先祖公刘迁到了邠地，周太王、王季定居岐山，周文王创建了丰邑，周武王修筑了镐京，因此关中的人民一直保持着先王留下的优良传统，热爱农业，种植五谷，这里土地肥沃，而且把做坏事看得很严重。直到秦文公、德公、穆公在雍地建都，这里地处陇蜀商道的要冲，商贾云集。秦献公迁都到栎阳，栎阳北拒戎狄，东边与三晋地区相通，商人同样很多。秦孝王、秦昭襄王治理咸阳，汉朝也沿袭秦朝将这里作为都城。长安周围有许多陵墓，各自置县，四方的人和物汇集于此。由于土地有限，人口众多，所以当地的人民越来越喜欢追求巧技，从事商业活动。（关中地区）南边是巴蜀地区。巴蜀地区同样土地肥沃，盛产栀子、生姜、朱砂、石材、铜、铁，以及竹子和木头之类所做的器物。巴蜀地区南拒滇、僰，僰地多出奴仆；西部靠近邛、筰，筰地有马和牦牛。不过，巴蜀地区四面封闭，交通不便，但有长达千里的栈道与外界相通，只有褒斜道作为咽喉扼住它的出口，人们通过这条道路用自己多余的物品交换缺少的物品。天水、陇西、北地、上郡等地区与关中地区风俗相似，但西部有羌族聚居的地区，那里物产丰富；北部有戎狄等民族放牧，畜牧业非常发达。不过，这些地区荒远险要，而长安又控制了他们通往东方的通道。所以，整个关中地区占天下三分之一的土地，而人口却不到十分之三，可衡量其财富，却占了天下的十分之六。

[原文]

昔唐①人都河东，殷人都河内，周人都河南。夫三河在天下之中，若鼎足，王者所更居也，建国各数百千岁，土地小狭，民人众，都国诸侯所聚会，故其俗纤俭②习事。杨、平阳陈③西贾秦、翟，北贾种、代。种、代，石北也，地边胡，数被寇。人民矜懻忮④，好气，任侠⑤为奸，不事农商。然迫近北夷，师旅亟⑥往，中国委输时有奇羡⑦。其民羯羠⑧不均，自全晋之时固已患其僄悍，而武灵王益厉之，其谣俗犹有赵之风也。故杨、平阳陈掾其间，得所欲。温、轵西贾上党，北贾赵、中山。中山地薄人众，犹有沙丘纣淫地余民，民俗懁急⑨，仰机利而食。丈夫相聚游戏，悲歌忼慨⑩，起则相随椎剽，休则掘冢作巧奸⑪冶，多美物，为倡优。女子则鼓鸣瑟，跕屣⑫，游媚贵富，入后宫，遍诸侯。

[注释]

① 唐：传说中的远古部落，被称为"陶唐氏"，其领袖为尧。
② 纤俭：俭省，节省。
③ 陈：此字或为衍字，即抄写、刊印中误增的字。下文"陈掾其间"

之"陈"同。

④ 懻（jì）忮（zhì）：强悍。

⑤ 任侠：抑强扶弱，仗义行事。

⑥ 亟（qì）：屡次，一次又一次。

⑦ 奇羡：盈余。

⑧ 羯（jié）羠（yí）：民性剽悍。

⑨ 懁（xuān）急：同"狷（juàn）急"，性格急躁。

⑩ 忼慨：通"慷慨"。

⑪ 奸：违法。

⑫ 跕（tiē）屣（xǐ）：拖着鞋行走。

[译文]

　　从前，陶唐氏在河东建都，殷商在河内建都，东周在河南建都。这三个地方都位于天下的中心，像鼎的三足，是历代帝王更替安居之地，建立的国家有数百乃至上千年的历史，土地狭小，百姓却很多，诸侯会聚，因此当地民风节俭，通情达理。杨地、平阳一带的人们做生意，向西到秦地和少数民族地区，向北则到种、代等地。种、代位于石邑以北，地处边境，与北方游牧民族相邻，经常遭受他们的掠夺。当地百姓崇尚强直，爱意气用事，抑强扶弱，仗义作乱，不愿从事农业和商业。不过，由于紧邻北方少数民族，军队频繁调动，中原地区运来的物资时常有剩余，可以为他们所用。那里的百姓强横且不讲究公平，早在晋国三分之前，人们就对其剽悍感到忧虑，到了赵武灵王时，这种风气更加严重，以至于还保留着赵国的遗风。所以，杨地、平阳一带的人们在这种环境下钻营投机，从而获得他们想要的东西。温、轵一带的人们做生意，向西到上党，向北则到赵国和中山国。中山土地贫瘠而人口众多，在商纣王的淫乐沙丘还有殷人遗留，当地民风浮躁，依靠投机取巧来谋生。男子们经常聚在一起玩乐，唱着慷慨悲壮的歌，起性时就结伙抢劫，闲暇时就挖掘坟墓、制造假货、非法铸钱，他们中的美男子多有去做以乐舞、戏谑为业的艺人。女子弹奏琴瑟，拖着鞋到处走动，谄媚权贵、富人，遍布诸侯的后宫。

【原文】

然邯郸亦漳、河之间一都会也。北通燕、涿，南有郑、卫。郑、卫俗与赵相类，然近梁、鲁，微重①而矜节。濮上之邑②徙野王，野王好气任侠，卫之风也。

【注释】

① 微重：稍显庄重。
② 濮上之邑：帝丘邑，相传为颛顼的都城。公元前629年卫成公自楚丘迁都于此。战国时名"濮阳"，秦置濮阳县。

【译文】

不过，邯郸也是位于漳水和黄河之间，人口、货物汇集的都市。北面连通着燕地和涿地，南面有郑国和卫国。郑国、卫国的风俗习惯与赵国相似，但由于靠近魏国和鲁国，所以略微显得庄重，并且注重自身的节操。卫国从帝丘迁徙到了野王，野王这个地方崇尚义气和侠义行为，这是卫国的遗风。

〔原文〕

夫燕亦勃、碣①之间一都会也。南通齐、赵，东北边胡。上谷至辽东，地踔远②，人民希，数被寇，大与赵、代俗相类，而民雕捍③少虑，有鱼盐枣栗之饶。北邻乌桓、夫余，东绾④秽貉、朝鲜、真番之利。

〔注释〕

① 勃、碣：渤海和碣石山。其中，碣石山在今河北昌黎西北，山南距渤海四五十里。
② 踔（chuō）远：很远，遥远。
③ 雕捍：同"雕悍"，迅捷或凶猛，这里意为勇猛强悍。
④ 绾：控制。

〔译文〕

燕国的旧都蓟城，也是坐落在渤海和碣石山之间，人口、货物汇集的都市。南面与齐国、赵国相通，东北面靠近北方游牧民族。从上谷到辽东这一带，地域偏远，人烟稀少，经常遭受外敌入侵，民风大体上与赵、代地区相似，百姓勇猛强悍，却不爱动脑，盛产鱼、盐、枣和栗子等物产。北面与乌桓、夫余相邻，东面则有扼制秽貊、朝鲜、真番的地利。

〔原文〕

洛阳东贾齐、鲁，南贾梁、楚。故泰山之阳①则鲁，其阴则齐。

【注释】

① 阳：一般在方位上指南面，与"阴（北面）"相对。

【译文】

洛阳人向东可以与齐国、鲁国做生意，向南则可以与梁国、楚国做生意。因此，泰山的南面是过去鲁国的领地，北面则是过去齐国的领地。

【原文】

齐带山海，膏壤千里，宜桑麻，人民多文彩①布帛鱼盐。临菑②亦海岱之间一都会也。其俗宽缓阔达，而足智，好议论，地重，难动摇，怯于众斗，勇于持刺③，故多劫人者，大国之风也。其中具五民④。

【注释】

① 文彩：同"文采"，错杂华丽的色彩，也指华丽的衣服，这里指色彩绚丽的布帛。
② 临菑：临淄，以城临菑水得名。
③ 持刺：手持兵刃刺杀。
④ 五民：士、农、商、工、贾五种不同职业的人。

【译文】

齐地靠山临海，拥有广阔肥沃的土地，适宜种植桑树和麻类作物，百姓多以生产色彩绚丽的布帛以及鱼类和食盐等为生。临淄也是东海与泰山之间人口、货物汇集的都市。当地民风较为宽舒豁达，且富有智慧，喜欢发表见解，看重土地，不喜欢迁徙，害怕聚众斗殴，却敢于手持兵刃行刺，因此经常发生抢劫事件，这是大国特有的社会风气。这里士、农、工、商、贾五类人俱全。

[原文]

而邹、鲁滨洙、泗①，犹有周公遗风，俗好儒，备于礼，故其民龊龊②。颇有桑麻之业，无林泽之饶。地小人众，俭啬，畏罪远邪。及其衰，好贾趋利，甚于周人。

[注释]

① 洙、泗：洙、泗二水。古时二水自今山东泗水北合流西下，至鲁国曲阜城东北又分流，洙水在北，泗水在南。
② 龊龊：形容注意小节的样子。

[译文]

邹、鲁地处洙水、泗水之滨，仍然保留着周公遗留下来的风气，崇尚儒学，礼仪完备，因此当地百姓十分注意小节。当地以种植桑麻为业，山林湖泽的资源不怎么丰饶。土地狭小，人口众多，当地人节俭吝啬，生怕犯罪，远离邪路。后来衰落了，当地人就热衷于经商逐利，胜过周地的人。

[原文]

夫自鸿沟①以东，芒、砀以北，属②巨野，此梁、宋也。陶、睢阳亦一都会也。昔尧作③于成阳，舜渔于雷泽，汤止于亳。其俗犹有先王遗风，重厚多君子，好稼穑，虽无山川之饶，能恶衣食，致其蓄藏。

〖注释〗

① 鸿沟：古运河名，约开凿于战国魏惠王十年（前360年），楚汉相争时曾划其为界，东楚西汉。
② 属：接连。
③ 作：兴起。

〖译文〗

　　自鸿沟以东，芒山、砀山以北，直至巨野一带，是魏国和宋国旧地。陶邑和睢阳也都是人口、货物汇集的都市。过去，尧兴起于成阳，舜曾在雷泽捕鱼，商汤以亳作为都城。那里依然保留着先王遗风，持重敦厚，多有品德高尚之人，喜好农事，尽管没有丰富的山川物产，却能省吃俭用，以至于积蓄起财富。

〖原文〗

　　越、楚则有三俗①。夫自淮北沛、陈、汝南、南郡，此西楚也。其俗剽轻，易发怒，地薄，寡于积聚。江陵故郢都，西通巫、巴，东有云梦②之饶。陈在楚、夏之交，通鱼盐之货，其民多贾。徐、僮、取虑，则清刻③，矜己诺。

〖注释〗

① 三俗：三种不同的风俗。下文提到西楚、东楚、南楚三地不同风俗。

② 云梦：云梦古泽。

③ 清刻：清严苛刻，这里指对自己极为严苛。

〔译文〕

　　越、楚有三种不同的风俗。自淮河以北的沛郡，经陈郡、汝南，直到南郡，这一带是西楚。当地的民风凶猛强悍，容易动怒，土地贫瘠，很少有积蓄。江陵曾是楚国的都城郢都，向西可通往巫地和巴地，东边则有云梦地区的富饶物产。陈郡地处楚国和中原的交界，鱼、盐等货物在此流通，那里的人多是商人。徐县、僮县以及取虑县一带的人，对自己清严苛刻，守信用。

〔原文〕

　　彭城以东，东海、吴、广陵，此东楚也。其俗类徐、僮。朐、缯以北，俗则齐。浙江①南则越。夫吴自阖庐、春申、王濞②三人招致天下之喜游子弟，东有海盐之饶，章山之铜，三江、五湖之利，亦江东一都会也。

〔注释〕

① 浙江：今钱塘江。

② 王濞：吴王刘濞，汉高祖刘邦之侄，"七国之乱"的主要叛乱者。

〔译文〕

　　彭城郡以东地区，包括东海郡、吴郡、广陵郡，这一带是东楚。这里的风俗与徐县、僮县相似。朐县、缯县以北，风俗则与齐地相似。钱塘江以南地区，风俗则与越地相似。吴郡自吴王阖闾、楚国春申君以及汉初的吴王刘濞这三人招揽天下喜欢游说之士以来，东部拥有丰饶的海盐，章山的铜矿资源，以及三江五湖的自然，是江东地区一个人口、货物汇集的都市。

[原文]

　　衡山、九江、江南、豫章、长沙，是南楚也，其俗大类西楚。郢之后徙寿春，亦一都会也。而合肥受南北潮①，皮革、鲍、木输会也。与闽中、于越②杂俗，故南楚好辞，巧说少信。江南卑湿，丈夫早夭。多竹木。豫章出黄金，长沙出连、锡，然堇堇③物之所有，取之不足以更费④。九疑⑤、苍梧以南至儋耳者，与江南大同俗，而杨越⑥多焉。番禺亦其一都会也，珠玑、犀、玳瑁、果、布之凑。

[注释]

① 南北潮：南、北两侧的水流。
② 于越：越国古称。
③ 堇堇：仅仅。
④ 更费：抵偿花费。
⑤ 九疑：九疑山，亦称苍梧山，在今湖南宁远南。
⑥ 杨越："扬越"，亦称"扬粤"，战国至秦汉时对越人的一种泛称。

[译文]

　　衡山郡、九江郡、江南、豫章郡和长沙郡，这一带是南楚，风俗大概与西楚类似。楚国失去都城郢之后，迁都寿春。寿春也是一个人口、货物汇集的都市。合肥县受惠于长江和淮河，是皮革、鲍鱼和木材的汇集之地。（南楚的风俗）与闽中、越地交互影响，所以南楚人擅长言辞，花言巧语，不太讲信用。江南低洼潮湿，男子寿命不长。盛产竹子和木材。豫章郡出产黄金，长沙郡出产铅和锡，但是这些物产的蕴藏量非常有限，开采的收入不足以弥补开支。从九疑山、苍梧郡以南到儋耳郡一带，风俗与江南地区大致相同，尤其接近越地。番禺（县）也是其中一个人口、货物汇集的都市，是珍珠、犀角、玳瑁、水果和葛布汇集之地。

〔原文〕

颍川、南阳，夏人之居也。夏人政尚忠朴，犹有先王之遗风。颍川敦愿①。秦末世，迁不轨②之民于南阳。南阳西通武关、郧关，东南受汉、江、淮。宛亦一都会也。俗杂好事，业多贾。其任侠，交通颍川，故至今谓之"夏人"。

〔注释〕

① 敦愿：敦厚恭谨。
② 不轨：不合法度。

〔译文〕

颍川郡和南阳郡，是古代夏朝人聚居的地方。夏人崇尚忠诚和朴实，还保留着古代帝王的遗风。颍川人敦厚恭谨。秦朝末年，曾将一些不守法度的人迁徙到南阳郡。南阳郡向西通往武关和郧关，东南方受惠于汉水、长江和淮河。宛（县）也是一个人口、货物汇集的都市。当地民俗复杂，人们爱管闲事，大多以经商为业。他们抑强扶弱、仗义行事，往来于颍川，因此至今还被称为"夏人"。

〔原文〕

　　夫天下物所鲜所多，人民谣俗，山东食海盐，山西食盐卤①，领南②、沙北固往往出盐，大体如此矣。

〔注释〕

① 盐卤：这里指池盐。
② 领南：岭南。

〔译文〕

　　普天之下的各种物产，有的地方稀少，有的地方富足，各地百姓也都有自己的风俗习惯。山东地区的人们食用从海水中提取的海盐，山西地区的人们食用从盐池中提取的池盐。岭南地区以及沙漠以北的地方，原本也出产盐，各地的状况大概就是这样。

〔原文〕

　　总之，楚、越之地，地广人希，饭稻羹鱼，或火耕而水耨①，果隋蠃蛤②，不待贾而足，地势饶食，无饥馑之患，以故呰窳③偷生，无积聚而多贫。是故江淮以南，无冻饿之人，亦无千金之家。沂、泗水以北，宜五谷桑麻六畜，地小人众，数被水旱之害，民好畜藏，故秦、夏、梁、鲁好农而重民。三河、宛、陈亦然，加以商贾。齐、赵设智巧，仰机利。燕、代田畜而事蚕。

〔注释〕

① 火耕而水耨（nòu）：古代江南地区的一种耕作方法。卷三十《平

准书》中应劭曰:"烧草,下水种稻,草与稻并生,高七八寸,因悉芟去,复下水灌之,草死,独稻长,所谓火耕水耨也。"

② 果隋(duò)蠃(luó)蛤:瓜果、螺类和蛤蜊。蠃,通"螺"。

③ 呰(zǐ)窳(yǔ):偷懒不肯努力耕作。

[译文]

　　总而言之,楚、越这片地区,土地辽阔,人口稀少,人们以稻米为主食,以鱼类为菜肴,采用火耕、水耨的耕作方式,出产各种瓜果、螺类和蛤蜊,无须对外购买就能自给自足,地势得天独厚,食材丰饶,毫无饥荒之忧。也正因为如此,当地人偷闲懒惰,得过且过,不肯努力耕作,没什么积蓄,大多贫穷。所以,长江、淮河以南的地区,没有因寒冷或饥饿而死的人,但也没有非常富有的人家。沂水、泗水以北的地区,适宜种植各种粮食作物、桑树、麻类,并饲养各种牲畜,土地狭小,人口众多,经常遭受水灾和旱灾,百姓喜欢积攒财物。因此,秦、夏、梁、鲁等地区重视农业,并以民为本。三河地区以及宛县、陈郡等地也是如此,另外,当地人还做买卖。齐、赵等地的人们运用智慧和技巧,依靠投机来获取财利。燕、代等地的人们从事农业耕种和畜牧养殖,而且还养蚕。

[原文]

　　由此观之,贤人深谋于廊庙①,论议朝廷,守信死节隐居岩穴之士设为名高者安归乎?归于富厚也。是以廉吏久,久更富,廉贾归富。富者,人之情性,所不学而俱欲者也。故壮士在军,攻城先登,陷阵却敌,斩将搴旗②,前蒙矢石,不避汤火之难,为重赏使也。其在闾巷少年,攻剽椎埋③,劫人作奸,掘冢铸币,任侠并兼,借交报仇,篡逐幽隐④,不避法禁,走死地如骛,其实皆为财用耳。今夫赵女郑姬,设形容,揳⑤鸣琴,揄长袂,蹑利屣,目挑心招,出不远千里,不择老少者,奔富厚也。游闲公子,饰冠剑,连车骑,亦为富贵容也。弋射⑥渔猎,犯晨夜,冒霜雪,驰坑谷,不避猛兽之害,为得味也。博戏驰逐,斗鸡走狗,作色相矜,必争胜者,重失负也。医方诸食技术⑦之人,焦神极能,为重糈⑧也。吏士舞文弄法,刻章伪书,不避刀锯之诛者,没于赂遗也。农工商贾畜长,固求富益货也。此有知尽能索耳,终不余力而让⑨财矣。

〔注释〕

① 廊庙:庙堂、朝堂,指古代君臣议政的地方。
② 搴(qiān)旗:拔取旗帜。
③ 椎埋:劫持杀人然后埋尸。一说盗墓。
④ 篡逐幽隐:在隐蔽昏暗的角落,用不正当的手段追逐、争夺(权力、地位、利益等)。
⑤ 揳(jiá):通"戛",击打、弹奏乐器。
⑥ 弋射:泛指射猎禽兽。
⑦ 食技术:靠技艺维持生计。
⑧ 糈(xǔ):粮。
⑨ 让:同"攘",侵夺。

〔译文〕

由此看来,那些贤能之人在朝堂之上深远周密地谋划,议论国事,那些坚守信义、不惜牺牲生命以及隐居在山林的人,标榜自己高尚的名声，是为了什么呢？归根结底还是为了财富。所以，就像清廉的官吏能长久为官，时间久了便更加富有，不贪图眼前的小利、注重诚信和长远发展的商人，最终能够获得丰厚的财富。追求财富，是人的天性，是无须学习便都想去做的。所以，军队中的勇士，在攻城时率先登上城墙，冲锋陷阵使敌军退却，斩杀敌将、拔取敌旗，身前承受着箭矢和滚石的攻击，不躲避赴汤蹈火的艰难，都是因丰厚的赏赐驱使。那些生活在乡间街巷的年轻人，他们抢劫杀人并埋尸，拦路抢劫、为非作歹，盗掘坟墓、私自铸钱，假托侠义之名搞侵掠，借助相交之人报私仇，在暗地里夺取财物，藐视刑法和禁令，像马儿疾驰一般走向死路，实际上都是为了钱财罢了。如今那些赵国和郑国的女子，精心打扮，弹奏动听的琴瑟，舞动长长的衣袖，踏着轻便的鞋子，用眼神和心机来挑逗、引诱，不远千里之外，不挑年老年少，也是为了追求财富。游手好闲的公子哥，装饰华丽的帽子和宝剑，将车辆和马匹连成排，也是为了摆出富贵的样子。射鸟打猎和捕鱼的人，不分早晚，冒着霜雪，奔波在坑洼的山谷中，不惧怕凶猛野兽的伤害，为的是获取各种野味。赌博、赛马、斗鸡、赛狗的人，争得面红耳赤，摆出夸耀姿态，一定要争个输赢，是他们怕输。医生、方士以及各种靠技艺谋生的人，他们殚精竭虑，竭尽所能，是为了得到丰厚的报酬。官吏舞文弄墨、玩弄法律、私刻印章、伪造文书，甚至不惜冒着杀头的危险，是因为他们被贿赂所迷惑。农、工、商、贾积蓄增殖，本就是为了谋求财货的增加。这些人挖空心思、竭尽所能地去追索，最终都是为了不遗余力地争夺财富。

【原文】

谚曰："百里不贩樵,千里不贩籴。"居之一岁,种之以谷;十岁,树之以木;百岁,来之以德。德者,人物之谓也。今有无秩禄①之奉,爵邑之入,而乐与之比者。命曰"素封②"。封者食租税,岁率③户二百。千户之君则二十万,朝觐聘享出其中。庶民农工商贾,率亦岁万息二千户,百万之家则二十万,而更④傜租赋出其中。衣食之欲,恣所好美矣。故曰陆地牧马二百蹄,牛蹄角千,千足羊,泽中千足彘,水居千石鱼陂⑤,山居千章⑥之材。安邑千树枣;燕、秦千树栗;蜀、汉、江陵千树橘;淮北、常山已南,河、济之间千树萩⑦;陈、夏千亩漆;齐、鲁千亩桑麻;渭川千亩竹;及名国万家之城,带郭⑧千亩亩钟⑨之田,若千亩卮茜,千畦姜韭:此其人皆与千户侯等。然是富给之资也,不窥市井,不行异邑,坐而待收,身有处士⑩之义而取给焉。若至家贫亲老,妻子软弱,岁时无以祭祀进醵⑪,饮食被服不足以自通,如此不惭耻,则无所比矣。是以无财作力,少有斗智,既饶争时,此其大经⑫也。今治生不待危身取给,则贤人勉焉。是故本富为上,末富次之,奸富最下。无岩处奇士之行,而长贫贱,好语仁义,亦足羞也。

【注释】

① 秩禄:俸禄。
② 素封:没有官职和封地,却拥有和显贵之人一样的财富和社会地位。

③ 率：一定的标准。

④ 更：轮流更替的兵役。

⑤ 千石鱼陂（bēi）：能收一千石鱼的鱼塘。石，汉制重量单位，合一百二十斤。陂，池塘。

⑥ 章：大的木材，后来也作为计量大树的量词。

⑦ 萩（qiū）：通"楸"，木名。

⑧ 带郭：绕城之外郭，这里指城边的田地。

⑨ 钟：盛行于汉代的量器，圆形壶，用以盛酒浆或粮食，合现在的二百一十九点二升。一钟为六斛，一斛为十斗。

⑩ 处士：有才能、有德行且隐居不仕的人。

⑪ 进釂（jù）：聚在一起进餐。

⑫ 大经：常规或常理。

[译文]

俗话说："卖柴不出百里，贩粮不出千里。"在一个地方住一年，就在那里种植庄稼；住十年，就在那里栽种树木；住百年，就要招致德行。所谓德，是对有才能的人的称谓。现在有些人，没有官阶俸禄的供养，也没有封邑的收入，却过着和有官爵的人一样富乐的生活，人们称为"素封"。有封地的人依靠租税为生，依标准是每户每年缴纳二百钱。拥有一千户封地的侯爵，每年的租税收入有二十万钱，他们朝见天子、出使诸侯以及祭祀宴请的开销都从这些收入中支取。普通百姓，包括农、工、商、贾，依标准是本金一万钱，年利息二千钱。拥有一百万钱的富户，每年可以有二十万钱的利息，徭役和租赋的费用也要从这些收入中支取。在衣食方面，他们可以随心所欲地享受了。所以说，在陆地上畜养五十匹马、一百六七十头牛、两百五十只羊，在泥沼中养二百五十头猪，拥有年产一千石鱼的鱼塘，在山上拥有一千棵大树。安邑有千棵枣树；燕地和秦地有千棵栗子树；蜀地、汉水流域和江陵一带则有千棵橘子树；淮河以北、常山以南、黄河和济水之间有千棵楸树；陈地和夏地有千亩漆树；齐地和鲁地有千亩桑树和麻；渭水流域有千亩竹子；还有那些闻名全国的、拥有上万户居民的都城，城边有亩产一钟粮食的千亩良田，或者种植着千亩栀子、茜草，或者种植着千畦生姜、韭菜：拥有这些产业的人，他们的财力都可以与千户侯相匹敌。不过，这些都是致富的资本，拥有这些资本的人，不需要亲自去市场查看行情，也不需要到别的城邑奔波，只需安坐家中等待收获。他们身负处士之名，而且能获取丰足的财物。至于那些家境贫寒、父母老迈、妻儿孱弱的人家，逢年过节连祭祀祖先和筹集宴饮的钱都没有，基本的吃穿用度也难以自己解决，到了这种地步还不感到羞愧，那就没有什么可比较的了。所以，没有钱财的人只能出劳力，稍微有点钱财的人就要智巧，已经富足的人就抓紧时间索取更多财利，这是一般的原则。现在如果有人在谋求生计时不必冒着生命危险就能获得所需之物，那贤人应该给予他鼓励。因此，以务农致富是最好的，以经商致富次一等，通过奸诈手段致富是最下等的。没有山中隐士的高尚德行，却长久处于贫贱，还喜欢空谈仁义道德，也足以感到羞愧了。

〔原文〕

凡编户之民，富相什①则卑下之，伯②则畏惮之，千则役，万则仆，物之理也。夫用贫求富，农不如工，工不如商，刺绣文不如倚市门③，此言末业，贫者之资也。通邑大都，酤④一岁千酿，醯酱⑤千瓨⑥，浆千甔⑦，屠牛羊彘千皮，贩谷粜千钟，薪藁千车，船长千丈，木千章，竹竿万个，其轺车⑧百乘，牛车千两，木器髹⑨者千枚，铜器千钧，素木铁器若卮茜千石，马蹄躈⑩千，牛千足，羊彘千双，僮手指千，筋角丹沙千斤，其帛絮细布千钧，文采千匹，榻布皮革千石，漆千斗，糵曲⑪盐豉千荅，鲐鮆⑫千斤，鲰千石，鲍千钧，枣栗千石者三之，狐鼦裘千皮，羔羊裘千石，旃席⑬千具，佗⑭果菜千钟，子贷金钱千贯，节驵会⑮，贪贾三之，廉贾五之，此亦比千乘之家，其大率也。佗杂业不中什二⑯，则非吾财也。

〔注释〕

① 富相什：财富差距达到十倍。什，即"十"。
② 伯："百"，百倍。
③ 倚市门：妓女倚门卖笑。
④ 酤（gū）：酒。
⑤ 醯（xī）酱：醋和酱。
⑥ 瓨（xiáng）：长颈瓮，有十升的容量。一说"缸"。
⑦ 甔（dān）：陶器，与坛子属一类。
⑧ 轺（yáo）车：只有一匹马拉的轻便马车。
⑨ 髹（xiū）：原本作"髤"，用漆涂东西。
⑩ 蹄躈（qiào）：古时用以核算牲畜数量，每头为四蹄一躈。躈，马的肛门。
⑪ 糵（niè）曲：酿酒用的曲。
⑫ 鲐（tái）鮆（jì）：青花鱼和刀鱼。后文的"鲰（zōu）""鲍"分别是杂小鱼和盐渍的鱼。

⑬ 旃（zhān）席：毛毯。旃，通"毡"。
⑭ 佗（tā）：通"他"，其他。
⑮ 驵（zǎng）会（kuài）：也作"驵侩"，原指说合牲畜交易的人，后泛指牙商。驵，马市的中间人。
⑯ 不中什二：没有达到或获得十分之二的利润。

[译文]

　　大凡平民百姓，与人的财富差距达到十倍，就会卑躬屈膝；达到百倍，就会畏惧和害怕；达到千倍，就会被对方役使；达到万倍，就会成为对方的奴仆。这是事物发展的必然规律。想要从贫穷走向富裕，从事农业不如从事手工业，从事手工业不如从事商业，做刺绣比不上在市场上做买卖，这说的是商业是各种行业中最容易致富的，是贫困之人积累财富的重要途径。在四通八达的大都市里，一年可以卖出酒一千坛，产醋和酱一千缸、豆浆一千罐，屠宰牛羊猪一千头，贩卖谷物一千钟、柴草一千车，拥有总长度达千丈的船只、大木材一千棵，竹竿一万根、轻便的马车一百辆、牛车一千辆，涂漆的木器一千件，铜器一千钧，未经加工的木制和铁制器皿以及茜草等染料一千石，马二百五十匹，牛二百五十头，羊和猪两千头，奴仆一百个，筋、角和丹砂一千斤，丝帛、棉絮和细布一千钧，彩色丝绸一千匹，粗布和皮革一千石，漆一千斗，酒曲、盐和豆豉一千份，鲐鱼和鲫鱼一千斤，小杂鱼一千石，腌鱼一千钧，枣子和栗子三千石，狐皮和貂皮制成的裘衣一千件，羔羊皮裘衣一千石，毛毯一千条，以及其他各种水果蔬菜一千钟，还有用于放贷的资金一千贯，或者在市场上做经纪人，心狠的商人抽取交易额的三分之一作为佣金，厚道的商人抽取五分之一，拥有这些产业的人，他们的财富也足以和拥有千辆兵车的诸侯相媲美。以上是大概的情况。其他各种杂项生意，如果利润达不到十分之二，就不值得去做了。

【原文】

　　请略道当世千里之中，贤人所以富者，令后世得以观择^①焉。

【注释】

① 观择：观察并选择。

【译文】

　　请允许我大致说一说当今时代方圆千里之内，贤德的人们用来致富的方法，使后世的人能够观察并选择（适合自己的方法）。

【原文】

　　蜀卓氏之先，赵人也，用铁冶富。秦破赵，迁卓氏。卓氏见虏略^①，独夫妻推辇，行诣^②迁处。诸迁虏少有余财，争与吏，求近处，处葭萌^③。唯卓氏曰："此地狭薄。吾闻汶山之下，沃野，下有蹲鸱^④，至死不饥。民工于市，易贾。"乃求远迁。致之临邛，大喜，即铁山鼓铸，运筹策，倾滇、蜀之民，富至僮千人。田池射猎之乐，拟于人君。

【注释】

① 虏略："掳掠"，用强力抢走财物。
② 诣：前往。
③ 葭萌：汉葭萌县，因北部有"葭萌水"流经得名。

④ 蹲鸱（chī）：一种像蹲伏的鸱鸟的大芋头。

〔译文〕

蜀郡卓氏的祖先是赵国人，利用冶铁发家致富。秦国灭赵后，流放了卓氏。卓氏家财被抢掠，唯独夫妻二人推着小车，前往迁徙之地。其他被迁徙的那些人，稍有剩余的钱财，就抢着送给官吏，请求安置在较近的地方，他们就被安排在葭萌县居住了。只有卓氏说："这个地方狭小贫瘠。我听说汶山脚下，有大片的沃土，地下生长着大芋头，人直到死都不至于挨饿。那里的人们擅长经商，容易做生意。"于是就请求远迁。结果他们被迁到了临邛，心中大喜，便在有铁矿的山上冶炼铸造，精心谋划经营，财力胜过滇、蜀地区的所有百姓，富裕到拥有上千名奴仆。他们在田地和池塘边射猎享乐，可以与国君相比。

〔原文〕

程郑，山东迁虏也，亦冶铸，贾椎髻①之民，富埒卓氏，俱居临邛。

〔注释〕

① 椎髻：锥形的发髻。汉代两广一带少数民族常用此种发式。

〔译文〕

程郑，是太行山以东被强制迁居的战败国人，也从事冶炼铸造业。他与留着锥形发髻的少数民族做生意，财富与卓氏相当，他们都居住在临邛。

〔原文〕

　　宛孔氏之先，梁人也，用铁冶为业。秦伐魏，迁孔氏南阳。大鼓铸，规陂池，连车骑，游诸侯，因①通商贾之利，有游闲公子之赐与名。然其赢得过当，愈于纤啬②，家致富数千金，故南阳行贾尽法孔氏之雍容。

〔注释〕

① 因：凭借。
② 纤啬：犹吝啬。

〔译文〕

　　宛县孔氏的祖先，是梁国人，从事冶铁业。秦国征讨魏国，将孔氏迁徙到南阳。他大量鼓风冶铸，规划池塘，车马连接成群，周游列国诸侯，凭借经商的便利，博得了富家子弟慷慨施舍的美名。然而他赚取的利润远远超过其花费，比吝啬的人更会赚钱，家中的财富积累到数千金，因此南阳的商人全都效仿孔氏的从容和大方。

〔原文〕

　　鲁人俗俭啬，而曹邴氏尤甚，以铁冶起①，富至巨万。然家自父兄子孙约，俯有拾，仰有取，贳②贷行贾遍郡国。邹、鲁以其故多去文学而趋利者，以曹邴氏也。

〔注释〕

① 起：发家致富。
② 贳（shì）：指租赁、赊欠。

〔译文〕

　　鲁国人民风节俭吝啬,而曹人邴氏更是其中的佼佼者,他依靠冶铁发家致富,积累了巨额财富。然而他家从父辈、兄长到子孙都遵守家规,即低下头要捡到东西、抬起头要拿到东西,通过租赁、借贷和经商将生意扩展到郡国各地。邹、鲁一带因为这个原因,很多人放弃儒学而去追逐财利,这都是因为曹人邴氏。

〔原文〕

　　齐俗贱奴虏,而刀间①独爱贵之。桀黠②奴,人之所患也,唯刀间收取,使之逐渔盐商贾之利,或连车骑,交守相,然愈益任之。终得其力,起富数千万。故曰:"宁爵毋刀③。"言其能使豪奴自饶而尽其力。

〔注释〕

① 刀间:常作"刁间",西汉初齐人,以煮盐、捕鱼起家,拥有数千万家产。
② 桀黠:凶悍而狡猾。
③ 宁爵毋刀:与其去求官爵,不如做刀家奴。一说"宁愿面对有爵位的人,也不愿面对刀间的奴仆"。

〔译文〕

　　齐地的民风认为奴仆卑贱,唯独刀间十分看重他们。那些凶悍狡猾的奴仆,为大家所烦扰,只有刀间收用他们,让他们去经营渔业、盐业和商业获取财利,有时甚至让他们乘坐成群结队的车马,去结交地方高官,这之后更加信任他们。终究以利用这些奴仆的力量,积累了数千万的财富。所以说："与其去求官爵，不如做刁家奴。"说的就是他能够让那些有能力的奴仆自己富足，并且竭尽全力为他效劳。

〔原文〕

周人既纤，而师史尤甚，转毂①以百数，贾郡国，无所不至。洛阳街居②在齐、秦、楚、赵之中，贫人学事富家，相矜以久贾，数过邑不入门，设任此等，故师史能致七千万。

〔注释〕

①转毂：运送货物的车。
②街居：比喻处于多条重要道路汇合之地。

〔译文〕

周地的人本来就吝啬，而师史这个人最为厉害，他用数以百计的车子运送货物，在各个郡、国做买卖，没有他不去的地方。洛阳地处齐、秦、楚、赵等地中心的要冲地带，那里的穷人向富人学习经商，互相攀比在外做生意的时间长短，多次路过家乡也不进家门。因为任用这样的人，所以师史才能积累起七千万钱的财富。

〔原文〕

宣曲任氏之先，为督道仓①吏。秦之败也，豪杰皆争取金玉，而任氏独窖仓粟。楚汉相距②荥阳也，民不得耕种，米石至万，而豪杰金玉尽归任氏，任氏以此起富。富人争奢侈，而任氏折节③为俭，力田畜。田畜人争取贱贾，任氏独取贵善。富者数世。然任公家约，非田畜所出弗衣食，公事不毕则身不得饮酒食肉。以此为闾里率，故富而主上④重之。

【注释】

① 督道仓：秦时一粮仓。

② 距：通"拒"，对峙。

③ 折节：降低身份。

④ 主上：皇帝。

【译文】

　　宣曲任氏的祖先，是负责管理督道仓的小吏。秦朝败亡了，各路豪杰都争抢金银珠宝，唯有任氏用地窖储存督道仓的粟米。楚汉两军在荥阳对峙，百姓没办法耕种，一石米的价钱涨到一万钱，因而那些豪杰手中的金银珠宝最终都到了任氏手里，任氏因此发家致富。一般富人都争相攀比奢侈，而任氏却放下身份厉行节俭，努力经营农田和畜牧业。人们在买进田地和牲畜时都力求低价，而任氏却只选择购买价格较高但品质优良的。任家好几代富裕。但任家的家规规定，非自家田地和畜牧产出的东西不穿不食，公事未完成就不得饮酒吃肉。任家以此成为乡里的表率，因此既富有又受到主上的尊重。

【原文】

　　塞之斥①也，唯桥姚已致②马千匹，牛倍之，羊万头，粟以万钟计。

〔注释〕

① 斥:开辟,开拓。

② 致:获得。

〔译文〕

在开疆拓土的时候,唯有桥姚获得了上千匹马、两千头牛、上万只羊,粟米则以万钟来计算。

〔原文〕

吴楚七国兵起①时,长安中列侯封君②行从军旅,赍贷③子钱④,子钱家以为侯邑国在关东,关东成败未决,莫肯与。唯无盐氏出捐千金贷,其息什之。三月,吴楚平,一岁之中,则无盐氏之息什倍,用此富埒关中。

〔注释〕

① 吴楚七国兵起:西汉景帝时的"吴楚七国之乱"。

② 列侯封君:泛指有较高爵位的人。

③ 赍(jī)贷:向人借贷。

④ 子钱:放款获得的利息。子钱家即放债取得利息的人,现今所说的高利贷者。

〔译文〕

吴楚七国发动叛乱的时候,长安城中的列侯和有封地的人要随军出征,需要向人借贷,那些放高利贷的人认为这些人的封地都在关东地区,而关东的战局胜负未定,因此都不愿意借钱给他们。唯有无盐氏捐出一千金借贷给他们,其利息是本金的十倍。历时三个月,吴楚七国之乱被平定，一年之内，无盐氏就获得了十倍于本金的利息，他因此发家，富比关中的富豪。

〔原文〕

关中富商大贾，大抵尽诸田①，田啬、田兰。韦家栗氏，安陵、杜②杜氏，亦巨万。

〔注释〕

① 诸田：那些姓田的人家。
② 杜：杜县。

〔译文〕

关中一带的富商巨贾，大部分是姓田，例如田啬、田兰等。还有韦家的栗氏，以及安陵县和杜县的杜氏，他们的财产也都数以万计。

〔原文〕

此其章章①尤异者也。皆非有爵邑俸禄弄法犯奸而富，尽椎埋②去就，与时俯仰，获其赢利，以末致财，用本守之，以武一切，用文持之，变化有概，故足术③也。若至力农畜，工虞商贾，为权利以成富，大者倾郡，中者倾县，下者倾乡里者，不可胜数。

〔注释〕

① 章章：也作"彰璋"，明显，显著。
② 椎埋：当为"推理"。

③ 术：通"述"，叙述，记叙。

〔译文〕

这些都是明显与众不同的人物。他们都不是依靠爵位、封地和俸禄，或者钻法律的空子、做违法乱纪的事情而变得富有的，完全是依靠推断事理来取舍，顺应时势的变化，从而获取利润的。他们通过经商来积累财富，购置田地来守护财富，以强硬的武力手段来攫取一切利益，又用法律政令等文书手段来维持既得利益，方法多有变化，但大概如此，所以值得记叙。至于那些致力于农业、畜牧业、手工业、山林开发、渔猎以及商业，依靠权势获利而成为富豪的人，大的可以胜过整个郡，中等的可以胜过整个县，小的也能胜过整个乡里，数不胜数。

〔原文〕

夫纤啬筋力①，治生之正道也，而富者必用奇胜。田农，掘业，而秦扬以盖一州。掘冢，奸事也，而田叔以起。博戏，恶业也，而桓发用富。行贾，丈夫贱行也，而雍乐成以饶。贩脂，辱处②也，而雍伯千金。卖浆，小业也，而张氏千万。洒削③，薄技也，而郅氏鼎食。胃脯④，简微耳，浊氏连骑。马医，浅方，张里击钟⑤。此皆诚壹⑥之所致。

〔注释〕

① 筋力：体力。
② 辱处：屈辱处境，意为职业低贱。
③ 洒削：洒水磨刀。

④ 胃脯：熟羊肚儿调味后晒成的肉干。

⑤ 击钟：也就是听着音乐吃饭，乃贵族的豪奢生活。

⑥ 诚壹：一心一意。

〔译文〕

　　勤俭节约、辛勤劳作，是谋生的正道，但要成为富人，还必须采用出奇制胜的方法。耕田种地，是辛苦的行业，而秦扬却因此富冠一州。盗墓，是违法的事情，而田叔却靠此发家。赌博，是不正当的职业，而桓发却靠它变得富有。经商，在当时被认为是大丈夫不屑从事的低贱行业，而雍地的乐成却因此变得富足。贩卖油脂，是被人看不起的职业，而雍伯却因此赚取了千金。卖浆水，是小本买卖，而张氏却因此积累了千万家产。磨刀，是微不足道的技能，而郅氏却因此过上列鼎而食的生活。羊肚儿肉干，是很普通的小生意，而浊氏却因此富裕到车马成群结队。马医，靠的是浅薄的小小医术，而张里却因此过上击钟佐食的生活。他们能做到如此都是一心一意所致。

〔原文〕

　　由是观之，富无经业①，则货无常主，能者辐凑，不肖②者瓦解。千金之家比一都之君，巨万者乃与王者同乐。岂所谓"素封"者邪？非也？

〔注释〕

① 经业：固定的行业。

② 不肖：这里指无能。

〔译文〕

  从这些现象来看,致富并没有固定的行业,钱财也没有固定的主人。有能耐的人能够聚集财富,没有能耐的人则会散尽家财。拥有千金家产的人家可以与一个都城的统治者相媲美,拥有巨万家产的富豪甚至可以像君王一样享乐。这难道就是人们所说的"素封"吗?还是说并不是呢?

史记·平准书

【原文】

汉兴，接秦之弊，丈夫从军旅，老弱转粮饷，作业①剧而财匮，自天子不能具钧驷②，而将相或乘牛车，齐民无藏盖。于是③为秦钱重难用，更令民铸钱，一黄金一斤④，约法省禁。而不轨逐利之民，蓄积余业以稽⑤市物，物踊腾粜，米至石万钱，马一匹则百金⑥。

【注释】

① 作业：工作，生产。
② 钧驷：毛色一样的、拉同一辆车的四匹马。
③ 于是：当时，其时。
④ 一黄金一斤：黄金一锭。汉初规定以一斤（十六两）黄金为一金。
⑤ 稽：积存，囤积。
⑥ 百金：这里指百万钱，汉初说"黄金""斤"指黄金多少，不说则指钱。

【译文】

汉朝建立之初，接手了秦朝的烂摊子，成年男子都去当兵打仗，年老体弱的则被征调去运送军粮，生产艰难而国家财用匮乏。即便天子都无法凑齐毛色一致的四匹马拉车,而将军宰相有的只能乘坐牛车,普通百姓则全无积蓄。那时候,由于秦朝的钱币过重,不方便流通,于是朝廷下令让百姓铸新钱,并规定一锭黄金的重量为一斤,同时精简法律法规,减少禁令。然而,那些通过不法手段追逐财利的人,囤积货物,伺机抬高物价进行买卖,导致物价飞涨,一石米的价钱涨到一万钱,一匹马的价格高达百万钱。

〔原文〕

天下已平,高祖乃令贾人不得衣丝乘车,重租税以困辱之。孝惠、高后①时,为天下初定,复弛商贾之律,然市井之子孙亦不得仕宦为吏。量吏禄,度官用,以赋于民。而山川园池市井租税之入,自天子以至于封君汤沐邑②,皆各为私奉养焉,不领于天下之经费。漕转山东粟,以给中都官③,岁不过数十万石。

〔注释〕

① 孝惠、高后:"孝惠"即汉惠帝刘盈(前210—前188),"高后"即吕后(前241—前180)。
② 汤沐邑:周代供诸侯朝见天子时住宿并斋戒沐浴的封地,后来泛称权贵收取租税的私邑。
③ 中都官:汉代京师各官府的统称。

〔译文〕

天下平定,汉高祖便下令商人不得穿丝绸衣服、不得乘坐车子,并加重赋税来限制他们。汉惠帝和吕后执政时期,由于天下初定,再度放宽了对商人的限制,但是商人的后代仍然不能做官、做吏。

朝廷衡量官员的俸禄数额和官府的开支用度，来向百姓征收赋税。而山川、园林、市场等地的税收，从天子到各位诸侯的私人封地的收入，都各自作为他们的私家用度，不纳入国家的财政预算。通过水路运输崤山以东的粮食，用来供给京城诸官署，每年只有数十万石。

【原文】

至孝文时，荚钱①益多，轻，乃更铸四铢钱，其文为"半两"，令民纵得自铸钱。故吴②，诸侯也，以即山铸钱，富埒天子，其后卒以叛逆。邓通③，大夫也，以铸钱财过王者。故吴、邓氏钱布天下，而铸钱之禁生焉。

【注释】

① 荚钱：汉代一种轻薄的钱币，因形似榆荚得名，即前文"更令民铸钱"所得之新钱。
② 吴：吴王刘濞的封国。
③ 邓通：西汉蜀郡人，因得汉文帝宠信，受赐无数。文帝赐其蜀郡严道铜山，许其铸钱，所以邓氏钱遍布天下。汉景帝时被人告发私出境外铸钱，家财尽没入官，最终穷困而死。

【译文】

到了汉文帝时期，榆荚钱变得越来越多，且越来越轻，于是朝廷便改铸四铢钱，钱币上的文字为"半两"，并允许百姓自由铸造这种钱币。因此，吴国作为一个诸侯国，由于靠近矿山而铸钱，其财富甚至可以与天子相比，终因如此发动了叛乱。邓通，作为一个大夫，也因为铸造钱币积累了超过诸侯王的财富。正是由于吴国和邓通私铸的钱币流通于天下，禁止私人铸钱的法令才出现。

〔原文〕

匈奴数侵盗北边，屯戍者多，边粟不足给食当食者①。于是募民能输②及转粟于边者拜爵，爵得至大庶长③。

〔注释〕

① 当食者：驻边的士卒。
② 输：送给，捐献。
③ 大庶长：爵名，即众列之长，"二十等爵制"中第十八级。

〔译文〕

匈奴屡屡侵掠汉朝北部边境，驻守边疆的士兵众多，边境的粮食不足以供养驻边的士卒。因此，朝廷招募百姓，凡是能够向边境捐献和运送粮食的人，都授予爵位，最高的可以封大庶长。

〔原文〕

孝景①时，上郡以西旱，亦复修卖爵令，而贱其价以招民。及徒复作②，得输粟县官以除罪。益造苑马以广用，而宫室列观舆马益增修矣。

〔注释〕

① 孝景：汉景帝刘启。
② 徒复作："免徒复作"，免除罪犯身份但仍须服劳役的人。

【译文】

　　汉景帝时期,上郡以西发生旱灾,朝廷再次修订了卖爵令,并且降低了爵位的价格以招揽民众。还有免除罪犯身份但仍须服劳役的人,可以通过向官府捐献粮食来抵消罪责。朝廷还造了更多的苑囿养马,以备多种需用,而且各种宫殿馆阁以及车马也日益增多。

【原文】

　　至今上①即位数岁,汉兴七十余年之间,国家无事,非遇水旱之灾,民则人给家足,都鄙②廪庾③皆满,而府库余货财。京师之钱累巨万,贯朽而不可校。太仓之粟陈陈相因④,充溢露积于外,至腐败不可食。众庶街巷有马,阡陌之间成群,而乘字牝⑤者傧⑥而不得聚会。守闾阎⑦者食粱肉,为吏者长子孙,居官者以为姓号。故人人自爱而重犯法,先行义而后绌⑧耻辱焉。当此之时,网疏而民富,役财骄溢,或至兼并豪党之徒,以武断于乡曲。宗室有土公卿大夫以下,争于奢侈,室庐舆服⑨僭于上,无限度。物盛而衰,固其变也。

【注释】

① 今上:现在的皇上,即汉武帝刘彻。
② 都鄙:王侯子弟、公卿大夫的采邑。
③ 廪(lǐn)庾(yǔ):粮仓。
④ 陈陈相因:陈粮和陈粮叠积。
⑤ 字牝(pìn):也作"牸牝",意为母马。

⑥ 傧(bìn)：通"摈"，抛弃，排斥。
⑦ 闾(lú)阎(yán)：古代里巷内外的门。
⑧ 绌：通"黜"，贬退，这里引申为厌弃。
⑨ 舆服：车舆冠服和各种仪仗。

[译文]

当今皇上登基才几年，汉朝建立七十多年，其间国家太平无事，除非遇到水灾或旱灾，百姓就家家户户都富足，各地的粮仓都装得满满的，国库里也堆满了结余的财物。京城堆积的钱币数以万计，多到穿钱的绳子都烂了，无法清点。太仓里的粮食是陈粮叠着陈粮，溢出了粮仓，堆积在外，以至于腐烂，不能吃了。普通百姓的街巷里都有马，田野里的马更是成群结队，以至于骑乘母马的人会被排斥，不能参加聚会。看守里弄大门的人都能吃上精美的饭食，当小吏的可以荫庇子孙后代，做官的把官职当作自己的姓氏和名号。所以人人都爱惜自己，把触犯法律看得十分严重，崇尚躬行仁义，厌弃可耻的行为。在那个时候，法网比较宽松，百姓又富裕，就出现了凭借财势骄横放纵的人，甚至有兼并土地的豪强朋党，借此在乡里横行霸道。宗室贵族以及拥有封地的官员、公卿大夫等，竞相奢侈，他们的房屋、车马、服饰都超越了自身的等级，毫无节制。事物发展到鼎盛之后必然会走向衰落，这是事物固有的变化规律。

[原文]

自是之后，严助、朱买臣等招来东瓯①，事两越②，江淮之间萧然③烦费矣。唐蒙、司马相如开路西南夷，凿山通道千余里，以广巴蜀,巴蜀之民罢④焉。彭吴贾灭朝鲜,置沧海之郡,则燕齐之间靡然发动。及王恢设谋马邑,匈奴绝和亲,侵扰北边,兵连而不解,天下苦其劳,而干戈日滋。行者赍⑤,居者送,中外骚扰而相奉,百姓抏弊⑥以巧法,财赂衰耗而不赡⑦。入物⑧者补官,出货者除罪,选举陵迟⑨,廉耻相冒,武力进用,法严令具。兴利之臣自此始也。

〔注释〕

① 东瓯:古代越族的一支,也称"瓯越",据说是越王勾践的后裔。
② 两越:南越和闽越。
③ 萧然:动乱、骚动的样子。
④ 罢(pí):通"疲",疲劳。
⑤ 赍:旅人携带衣食等。
⑥ 抏(wán)弊:凋敝。
⑦ 赡:充足。
⑧ 入物:交纳财物给官府,后文的"出货"为拿出钱财给官府。
⑨ 陵迟:坡度渐缓,这里引申为衰颓。

〔译文〕

　　自此以后,严助、朱买臣等人招揽了东瓯,并引发了与南越、闽越之间的战事,导致江淮一带变得动荡不安,耗费巨大。唐蒙、司马相如开辟通往西南少数民族地区的道路,开凿山路一千多里,以此来拓展巴蜀地区的疆域,巴蜀的百姓因此十分疲惫。彭吴为了攻打朝鲜,设立了沧海郡,这使得燕、齐一带风吹草偃般骚动起来。等到王恢在马邑策划袭击匈奴,匈奴便断绝了与汉朝的和亲关系,开始侵扰北部边境,战事接连不断,无法平息,天下百姓都为此感到痛苦不堪，而战火也日益滋长。出征的人要携带物资，留守的人则忙于送别，朝廷内外都为战事而奔波，百姓也因为困苦而玩弄法令，国家的财富也因战争消耗而不足。交纳财物给官府的人可以补任官职，拿出钱财给官府的人可以免除罪责，选拔官员的制度渐渐衰败，人们的廉耻之心荡然无存，有武力的人则受到重用，法令也变得严苛、烦琐。为国家谋求经济利益的官员，就是从这个时候开始出现的。

[原文]

其后汉将岁以数万骑出击胡，及车骑将军卫青取匈奴河南地，筑朔方。当是时，汉通西南夷道，作者①数万人，千里负担馈粮，率十余钟致一石，散币于邛、僰②以集③之。数岁道不通，蛮夷因以数攻，吏发兵诛之。悉巴蜀租赋不足以更之，乃募豪民田南夷，入粟县官，而内受钱于都内④。东至沧海之郡，人徒之费拟于南夷。又兴十万余人筑卫朔方，转漕⑤甚辽远，自山东咸被其劳，费数十百巨万，府库益虚。乃募民能入奴婢得以终身复，为郎增秩，及入羊为郎，始于此。

[注释]

① 作者：修筑道路的人。
② 邛、僰：即邛族和僰族，前者分布于今四川省西昌地区，后者分布于今四川省宜宾一带。
③ 集：安抚。
④ 都内：汉官名，大司农的属官有都内令、丞，主管国库。

⑤ 转漕：同"漕转"，水运为"漕"，车运为"转"。

[译文]

之后，汉朝的将领每年都率领数万骑兵出击匈奴，直到车骑将军卫青夺取了匈奴在黄河以南的地区，并修筑了朔方城。当时，汉朝正在修筑通往西南少数民族地区的道路，征调了数万人，从千里之外背负着粮食运送，大概十多钟的粮食最终只能运到一石，还向邛、僰等部族散发钱币以安抚他们。连续几年，道路都未能打通，当地的少数民族趁机多次发动进攻，当地官吏便派兵前去讨伐。巴蜀地区的全部赋税收入不足以维持这些开支，就招募富豪到南方少数民族地区耕种田地，将收获的粮食卖给当地官府，然后到京都内府领取钱款。向东修筑到达沧海郡的道路，所耗费的人力与在南方少数民族地区的花费差不多。又征调了十万多人修筑并戍守朔方，通过水陆运输粮草的路途非常遥远，自崤山以东地区的百姓全都遭受了这份辛劳，耗费了上十上百亿的钱财，国库越加空虚。便开始招募百姓，只要能向官府缴纳奴婢，就可以终身免除赋税徭役，原为郎官的可以提升官阶，以及缴纳羊可以做郎官，就是从这个时候开始的。

[原文]

其后四年，而汉遣大将将六将军，军十余万，击右贤王①，获首虏万五千级。明年，大将军将六将军仍再出击胡，得首虏万九千级。捕斩首虏之士受赐黄金二十余万斤，虏数万人皆得厚赏，衣食仰给县官②。而汉军之士马死者十余万，兵甲之财转漕之费不与焉③。于是大农④陈藏钱经耗，赋税既竭，犹不足以奉战士。有司⑤言："天子曰：'朕闻五帝之教不相复而治，禹、汤之法不同道而王，所由殊路，而建德一也。北边未安，朕甚悼之。日者，大将军攻匈奴，斩首虏万九千级，留蹛⑥无所食。议令民得买爵及赎禁锢免减罪。'请置赏官，命曰武功爵⑦。级十七万，凡直三十余万金。诸买武功爵官首者试补吏，先除⑧。千夫⑨如五大夫。其有罪又减二等。爵得至乐卿：以显军功。"军功多用越等，大者封侯卿大夫，小者郎吏⑩。吏道杂而多端，则官职秏废。

【注释】

① 右贤王：匈奴单于下的最高官职。
② 县官：代指朝廷。
③ 不与（yù）焉：不算在里面。
④ 大农：大司农，九卿之一，掌管全国租赋收支和国家财政开支。
⑤ 有司：主管某部门的职官。
⑥ 蹛（zhì）：通"滞"。
⑦ 武功爵：爵制。西汉元朔六年（前123年）创设，共十七级，今所知者，一为造士，二为闲舆卫，三为良士，四为元戎士，五为官首，六为秉铎，七为千夫，八为乐卿，九为执戎，十为左庶长（亦作"政戾庶长"），十一为军卫。第八级以下可以买卖，至一定级别即享有试补吏、减罪、免役的特权，第九级以上则专用以奖军功。与旧制二十等爵并行，不久便被废止。
⑧ 先除：优先授予官职。
⑨ 千夫：秦汉时按武功爵赏赐的爵名。
⑩ 郎吏：郎官和小吏。

[译文]

　　此后四年（前124年），汉朝派遣大将军卫青率领六位将军，统领十余万大军，攻打匈奴右贤王，斩首并俘获敌军一万五千人。第二年，大将军再次率领六位将军攻打匈奴，又斩首并俘获敌军一万九千人。俘获和斩杀敌军的将士们得到了二十多万斤黄金的赏赐，投降的数万匈奴人也都得到了丰厚的奖赏，他们的衣食都依赖朝廷供给。然而汉军士兵和战马的死伤超过十万，这还不包括武器装备等物资的水陆运输费用。因此，大司农上报朝廷说国库的储备金和税收都已经耗尽，仍然不足以供给士兵的开支。主管官员说："天子曾说过：'我听说五帝的教化方式各有不同，却同样治理好了天下；禹和汤的治国方法也不一样，却都成就了王业，他们所走的道路虽然不同，但建立的德行是一致的。北方的边境尚未安定，朕对此深感忧虑。近来，大将军攻打匈奴，斩首并俘获敌军一万九千人，但当地驻守的兵士却没东西可吃。朝廷商议决定允许百姓出钱购买爵位，以及缴纳赎金来减免或解除因犯罪受到的禁锢等刑罚。'我们请求设置一种赏赐官爵的制度，命名为武功爵。每一级武功爵定价为十七万钱，总价值超过三十万金。凡是购买武功爵并达到官首一级的人，可以通过考核补官，优先授予官职。千夫这一爵位相当于五大夫。拥有武功爵的人如果犯了罪，可以从爵位中减去两级。武功爵最高的可以达到乐卿的级别：以这些制度来彰显军功。"军功爵往往会超出既定的等级，功劳大的会被封侯或授予卿大夫的官职，功劳小的则被任命为郎官或小吏。做官的途径变得繁杂而多变，官职制度遭到破坏，原有的职能也就废弛了。

【原文】

自公孙弘①以《春秋》之义绳②臣下取汉相,张汤③用峻文④决理⑤为廷尉,于是见知之法⑥生,而废格⑦沮诽⑧穷治之狱用矣。其明年,淮南、衡山、江都王⑨谋反迹见,而公卿寻端治之,竟其党与,而坐死者数万人,长吏益惨急⑩而法令明察。

【注释】

① 公孙弘(前200—前121):西汉淄川薛(今山东滕州南)人,熟习文法吏治,被武帝任为丞相,封平津侯。
② 绳:纠正。
③ 张汤(约前155—前115):西汉杜陵(今陕西西安东南)人,汉武帝时曾任廷尉、御史大夫等。
④ 峻文:苛细的法律条文。
⑤ 决理:审理判决。
⑥ 见知之法:汉律,官吏明知他人犯罪而不举,以故纵之罪论处。
⑦ 废格:搁置。
⑧ 沮诽:诋毁或诽谤。
⑨ 淮南、衡山、江都王:淮南王刘安、衡山王刘赐、江都王刘建。
⑩ 惨急:执行律法时比较严酷。

【译文】

自从公孙弘通过《春秋》大义来约束臣下,做到丞相,张汤运用严苛的法律条文进行审判,担任了廷尉,就产生了"见知法",而"废格""沮诽"等罪名,也成了彻查穷究的刑狱之法。在那之后的第二年(前122),淮南王、衡山王、江都王谋反的迹象显露出来,于是朝廷大臣们追查线索并审理此案,追究他们的同党,而因此被牵连处死者数万。由此,地方长官执法更加严酷,法令条文也更加严明苛细。

〔原文〕

当是之时,招尊方正贤良文学①之士,或至公卿大夫。公孙弘以汉相,布被,食不重味②,为天下先。然无益于俗,稍骛于功利矣。

〔注释〕

① 方正贤良文学:汉选拔官员的察举制下的科目,凡中选者,皆授予官职。汉武帝时,或诏举"贤良",或诏举"贤良方正",或诏举"贤良文学",名目时有不同,本质相同。
② 食不重(chóng)味:同"食不二味",即吃饭时不吃两样菜,形容生活俭朴。

〔译文〕

在那个时候,朝廷正招纳并尊崇方正贤良文学之士,有些人因此官至公卿大夫。公孙弘身为汉朝的丞相,却生活俭朴,盖着粗布被子,吃饭也很简单,成为天下人的表率。然而,这对社会风气并没有什么改善,人们渐渐热衷于追求功名利禄了。

〔原文〕

其明年,骠骑①仍再出击胡,获首四万。其秋,浑邪王②率数万之众来降,于是汉发车二万乘迎之。既至,受赏,赐及有功之士。是岁费凡百余巨万。

〔注释〕

① 骠骑：汉代将军的名号，这里指骠骑将军霍去病。
② 浑邪（yé）王：西汉时匈奴族人，曾率众降汉，封漯阴侯。

〔译文〕

　　之后的第二年（前121年），骠骑将军霍去病频繁出兵攻打匈奴，斩获敌军首级四万。当年秋天，浑邪王率领数万部众前来投降，于是汉朝调派了两万辆战车前去迎接他们。到达京城后，投降的匈奴人受到了赏赐，有功的将士也受到了赏赐。这一年（朝廷）的花费总计达一百多亿。

〔原文〕

　　初，先是往十余岁河决观①，梁楚之地固已数困，而缘河之郡堤塞河，辄决坏，费不可胜计。其后番系②欲省底柱③之漕，穿汾、河渠以为溉田，作者数万人。郑当时④为渭漕渠回远，凿直渠自长安至华阴，作者数万人。朔方⑤亦穿渠，作者数万人：各历二三期⑥，功未就，费亦各巨万十数。

〔注释〕

① 观：《汉书·食货志》作"灌"，应属下句，即"灌梁楚之地固已数困"。
② 番（pó）系：西汉九江（今安徽寿县）人，汉武帝时任河东守，后官至御史大夫。
③ 底柱：砥柱山，又名三门山，在今河南三门峡市北黄河中。
④ 郑当时：西汉大臣，字庄，陈（今河南淮阳）人，以任侠名闻梁楚间，

景帝时为太子舍人，汉武帝时为大司农。
⑤ 朔方：朔方郡，辖境相当今内蒙古河套西北部及后套地区。
⑥ 期（jī）：一周年。

〔译文〕

  起初，在此之前十多年黄河决口，河水本就已经多次流入梁地和楚地并造成困境，而只要沿黄河的各郡修筑堤坝堵塞河水，就会被冲坏，花费的钱财不可胜数。之后，番系为了省去通过砥柱山一带的水路运输，开凿沟通汾水和黄河水的水渠用来灌溉农田，参与开渠的百姓有数万人。郑当时因为渭河漕运河道迂回曲折、路途遥远，便开凿了一条从长安直达华阴的直渠，参与开渠的百姓也有数万人。朔方郡也开凿了水渠，参与开渠的百姓也有数万人：这些工程个个都持续了足足两三年的时间，事情尚未完成，花费个个达到数十亿。

〔原文〕

  天子为伐胡，盛养马，马之来食①长安者数万匹，卒牵掌②者关中不足，乃调旁近郡。而胡降者皆衣食县官，县官不给，天子乃损膳③，解乘舆驷，出御府禁藏④以赡之。

〔注释〕

① 食（sì）：饲养，喂养。
② 牵掌：牵拉掌管。
③ 损膳：减膳，吃素或减少膳食。古代皇帝在发生灾变时，往往通过避殿、素服、撤乐、减膳等表示"自责"。
④ 禁藏：帝王宫里的库藏。

〔译文〕

　　皇帝为了攻打匈奴，大规模饲养战马，在长安喂养的马有数万匹之多，关中地区负责牵拉和掌管马匹的士卒不够用，于是从附近的郡县调集。而投降的匈奴人都由地方官府提供衣食，官府的财力不足以供应，皇帝就减少自己的膳食，解下自己车驾上的马匹，拿出官中的库藏来供养他们。

〔原文〕

　　其明年，山东被水菑①，民多饥乏，于是天子遣使者虚郡国仓廥②以振③贫民。犹不足，又募豪富人相贷假。尚不能相救，乃徙贫民于关以西，及充朔方以南新秦中④，七十余万口，衣食皆仰给县官。数岁，假予产业，使者分部护之，冠盖相望⑤。其费以亿计，不可胜数。

〔注释〕

① 菑（zāi）：古同"灾"。
② 仓廥（kuài）：储藏粮草的仓库。
③ 振：同"赈"，救济。
④ 新秦中：古地区名，在今内蒙古河套及其以南地区，因与故秦地相接，世称新秦中。
⑤ 冠盖相望：形容朝廷的使臣或官员来往不绝。

〔译文〕

　　之后第二年（前120年），崤山以东的地区遭受水灾，百姓大多饥饿贫困，于是皇帝派遣使者，拿出各地郡县粮草库中的全部粮食来救济贫苦的百姓。即使这样还是不够，又招募有钱的大户人家借贷给灾民。仍然无法完全救助灾民，于是将贫民迁移到函谷关以西的地区，以及朔方郡南部的新秦中，共计七十多万人，他们的衣食都依赖官府供给。这几年，朝廷借给他们田地房屋等产业，派遣的使者分片负责管理和保护他们，朝廷使者的车马来往不绝。其中的花费以亿来计算，多得数不清。

〔原文〕

于是县官大空，而富商大贾或蹛财役贫①，转毂百数，废居居邑，封君皆低首仰给。冶铸煮盐，财或累万金，而不佐国家之急，黎民重②困。于是天子与公卿议，更钱造币以赡用，而摧浮淫③并兼之徒。是时禁苑有白鹿而少府④多银锡。自孝文更造四铢钱，至是岁四十余年，从建元以来，用少，县官往往即多铜山而铸钱，民亦间盗铸钱，不可胜数。钱益多而轻，物益少而贵。有司言曰："古者皮币⑤，诸侯以聘享⑥。金有三等，黄金为上，白金为中，赤金为下。今半两钱法重四铢，而奸或盗摩⑦钱里取鋊⑧，钱益轻薄而物贵，则远方用币烦费不省。"乃以白鹿皮方尺，缘以藻缋⑨，为皮币，直四十万。王侯宗室朝觐聘享，必以皮币荐璧，然后得行。

〔注释〕

① 蹛财役贫：聚敛钱财，役使贫苦的百姓。蹛，囤积。
② 重：加重。

③ 浮淫：轻浮放荡。

④ 少府：官名，秦、汉时九卿之一，秩中二千石，掌管皇家财政和手工业。东汉时，其职责调整为管理宫廷御用物品。

⑤ 皮币：汉武帝时以宫苑中的白鹿皮制作而成的有价凭证。

⑥ 聘享：古代诸侯或国家互派使节，进行访问、赠礼和宴请等外交礼仪的总称。

⑦ 摩：古同"磨"，磨损。

⑧ 鋊：铜屑。

⑨ 缋（huì）：同"绘"，绘画。

[译文]

　　当时国库变得非常空虚，而那些富商大贾中有的聚敛财富，役使贫苦百姓；他们拥有上百辆车子，在城市里闲置着许多房产，连有封地的贵族都不得不对他们低声下气，仰仗他们的供给。有的经营冶炼铸造和煮盐的生意，积累了数以万计的财富，却不帮助国家解决燃眉之急，导致老百姓更加困苦。于是皇帝和朝廷大臣们商议，重新铸造钱币来满足国家开支，并打击那些轻浮放荡、兼并土地的奸商。当时，皇家园林里饲养着白鹿，而少府则拥有很多银和锡。自从汉文帝改铸四铢钱以来，到这时已经过了四十多年，自从建元年间开始，市面上流通的钱币数量减少，朝廷经常就在盛产铜的山附近铸造钱币，民间也时常有人偷偷铸钱，数量多得数不清。钱币越来越多，却越来越不值钱；货物越来越少，价格反而越来越贵。主管官员上奏说："古代有皮币，是诸侯在进行聘享活动时使用的。金属分为三种等级，黄金是上等，白银是中等，红铜是下等。如今的半两钱法定重量是四铢，但是一些不法之徒私自磨损钱币，从中刮取铜屑，导致钱币更加轻薄，物价更加昂贵，边远地区使用钱币也变得非常不方便。" 于是，朝廷就用一尺见方的白鹿皮，在边缘用彩色的花纹装饰，制成皮币，每张价值四十万钱。王侯和皇室宗亲来朝见天子或者进行聘享等礼仪活动时，必须用皮币垫在玉璧下面进献，才能行礼。

〔原文〕

又造银锡为白金。以为天用莫如龙，地用莫如马，人用莫如龟，故白金三品：其一曰重八两，圜①之，其文龙，名曰"白选"，直三千。二曰重差小，方之，其文马，直五百。三曰复小，撱②之，其文龟，直三百。令县官销半两钱，更铸三铢钱，文如其重。盗铸诸金钱罪皆死，而吏民之盗铸白金者不可胜数。

〔注释〕

① 圜：通"圆"。
② 撱（tuǒ）：古同"椭"，椭圆。

〔译文〕

另外，用银和锡混合铸造白金。（人们）认为天界最重要的莫过于龙，地上最重要的莫过于马，人间最重要的莫过于龟，因此将白金分为三种等级：其中第一种重八两，圆形，上面铸刻着龙的图案，称为"白选"，价值三千钱；第二种重量稍轻一些，方形，上面铸刻着马的图案，价值五百钱；第三种又小一些，椭圆形，上面铸刻着龟的图案，价值三百钱。下令由官府熔化半两钱，改铸三铢钱，钱币上的文字和重量相符。私自铸造各种铜钱的，都要判处死刑，但是官吏和百姓私自铸造白金的，仍然多得数不清。

〔原文〕

于是以东郭咸阳、孔仅为大农丞①，领盐铁事。桑弘羊以计筭用事②，侍中。咸阳，齐之大煮盐③，孔仅，南阳大冶，皆致生累千金，故郑当时进言之。弘羊，雒阳④贾人子，以心计，年十三侍中。故三人言利事析秋毫矣。

〔注释〕

① 大农丞：西汉自景帝后元元年（前143年）改治粟内史为大农令，下设两丞，称"大农丞"。东郭咸阳、孔仅两人当时同为大农丞。
② 用事：掌管某一职事。
③ 大煮盐：大盐商。后文"大冶"即大铁商。
④ 雒阳：洛阳。

〔译文〕

于是朝廷任命东郭咸阳、孔仅担任大农丞，主管盐铁事务。桑弘羊因为精通计算而被任命为侍中。东郭咸阳是齐地的大盐商，孔仅是南阳的大铁商，他们都通过经营积累了上千金的财富，因此郑当时向朝廷举荐了他们。弘羊是一个洛阳商人的儿子，凭借心算的才能，十三岁就当上了侍中。所以这三人谈论财利之事能精细入微。

〔原文〕

法既益严，吏多废免。兵革数动，民多买复①及五大夫，征发之士益鲜。于是除千夫五大夫为吏，不欲者出马。故吏皆適② 令伐棘上林③，作昆明池。

【注释】

① 买复：汉朝制度，平民纳资可以免除徭役。复，免除徭役。
② 適（zhé）：通"谪"，责罚。
③ 上林：上林苑，秦时旧苑，汉武帝收为宫苑并建离宫、观、馆等数十处。

【译文】

　　法令越来越严苛了，很多官吏因此被罢免。战争频发，百姓大多通过缴纳钱财免除徭役，甚至购买到五大夫的爵位，可以征调的兵丁越来越少。于是朝廷就任命拥有千夫、五大夫爵位的人做官，不愿意做官的就向官府交出马匹来代替。被罢免的那些官吏都被责令去上林苑伐木除草，或者去开凿昆明池。

【原文】

　　其明年，大将军、骠骑①大出击胡，得首虏八九万级，赏赐五十万金，汉军马死者十余万匹，转漕车甲之费不与焉。是时财匮，战士颇②不得禄矣。

【注释】

① 大将军、骠骑：分别指大将军卫青和骠骑将军霍去病。
② 颇：很。

【译文】

　　第二年（前119年），大将军卫青和骠骑将军霍去病大规模出兵攻打匈奴，斩获敌军首级八九万，赏赐的金额高达五十万金，汉军战死的马匹超过十万，这还不包括运输粮草物资以及制造战车盔甲的费用。当时国家财力匮乏，士兵们经常拿不到应得的俸禄。

〔原文〕

有司言三铢钱轻，易奸诈①，乃更请诸郡国铸五铢钱，周郭②其下，令不可磨取镕焉。

〔注释〕

① 奸诈：作奸使诈，这里指通过磨损钱币等方式牟利。
② 周郭：铜钱的轮廓，即钱币外周凸起的边缘。

〔译文〕

主管官员上奏说三铢钱重量过轻，容易被人通过磨损钱币等方式牟利，于是奏请朝廷允许各郡国改铸五铢钱，并在钱币背面四周铸造凸起的外郭，以防止有人通过磨损钱币边缘来盗取铜屑。

〔原文〕

大农上盐铁丞孔仅、咸阳言："山海，天地之藏也，皆宜属少府，陛下不私，以属大农佐赋。愿募民自给费，因官器作煮盐，官与牢盆①。浮食奇民②欲擅管山海之货，以致富羡，役利细民③。其沮事之议，不可胜听。敢私铸铁器煮盐者，钛④左趾，没入其器物。郡不出铁者，置小铁官，便属在所县。"使孔仅、东郭咸阳乘传⑤举行天下盐铁,作官府,除故盐铁家富者为吏。吏道益杂,不选,而多贾人矣。

〔注释〕

① 牢盆:一种煮盐器具,类似大锅。
② 浮食奇(jī)民:"浮食"多谓不事耕作而食,"奇民"谓不亲事生产之民,"浮食奇民"指代垄断盐铁业的富商和豪强。
③ 细民:小民,普通百姓。
④ 釱(dì):类似脚镣刑具,用来钳脚趾。
⑤ 乘(shèng)传(zhuàn):驿站传车的一种,通常是用四匹下等马拉的车。

〔译文〕

　　大农呈报了盐铁丞孔仅、东郭咸阳的建议:"山海中有天地间蕴藏的宝藏,都应该归少府(皇帝的私府),陛下不拿它作为私有,划归大农以补充税收。希望允许招募百姓自行承担费用,使用官府的器具煮盐,官府提供牢盆。那些不事耕作而食、不亲事生产之民想要独占山海的资源,以此获取财富,并役使小老百姓从中牟利。他们阻挠这项政策实施的言论,多得让人听都听不完。建议将胆敢私自铸造铁器、煮盐的人,处以钳左脚脚趾的刑罚,并没收其所有器具;不出产铁的郡设立小铁官,受当地的县管辖。"于是派遣孔仅、东郭咸阳乘坐驿车到各地推行官营盐铁政策,设立官府,并任命原先经营盐铁业的富户为官吏。做官的途径变得更加混杂,不再经过正规的选拔程序,而且其中很多都是商人。

〔原文〕

商贾以币之变,多积货逐利。于是公卿言:"郡国颇被灾害,贫民无产业者,募徙广饶之地。陛下损膳省用,出禁钱①以振元元②,宽贷赋,而民不齐出于南亩,商贾滋众。贫者畜积无有,皆仰县官。异时算轺车③贾人缗钱④皆有差,请算如故。诸贾人末作⑤贳贷⑥卖买,居邑稽诸物,及商以取利者,虽无市籍,各以其物自占⑦,率缗钱二千而一算。诸作有租及铸,率缗钱四千一算。非吏比者三老⑧、北边骑士,轺车以一算⑨。商贾人轺车二算。船五丈以上一算。匿不自占,占不悉,戍边一岁,没入缗钱。有能告者,以其半畀⑩之。贾人有市籍者,及其家属,皆无得籍名田⑪,以便农。敢犯令,没入田僮。"

〔注释〕

① 禁钱:少府掌管的钱,即内廷供君主用的钱财。

② 元元:平民。

③ 算轺车:征轺车税。

④ 缗钱:一种古代的财产税,按拥有的钱币数量(以"缗"为单位)的一定比例征收。拥有的财产越多,缴税也越多。

⑤ 末作:末业。

⑥ 贳贷:高利贷者。

⑦ 自占:自行估计。

⑧ 三老:古代掌教化的乡官。秦置乡三老,汉增置县三老。

⑨ 一算:汉代商贾税与成年人头税征收标准的计量单位。商贾税"算缗钱二千而一算",成年人头税"百二十为一算"。

⑩ 畀(bì):给。

⑪ 名田：秦汉时私人占有土地之称。

[译文]

商人们因为货币制度的变化，大多囤积货物来追逐利润。于是朝廷大臣们进言说："各地有不少郡国遭受灾害，贫困百姓没有产业的，应招募他们迁徙到土地广阔肥沃的地方。陛下您省吃俭用，拿出官廷的钱财来赈济平民，免征赋税，但百姓并没有全都去田地里耕作，经商的人反而越来越多。贫困的人没有任何积蓄，全都依赖朝廷的救济。之前，对商人的轺车和拥有的钱财都按不同等级征收赋税，请允许像过去一样征收。那些从事商业，进行借贷、买卖，在城邑中囤积货物，以及通过经商牟利的人，即使没有在官府登记，也要各自根据自己的货物和资产进行估算，大致按每两千缗钱征收一算的赋税。各种手工业有租税以及从事冶炼铸造业的人家，大致按每四千缗钱征收一算的赋税。除了与官吏相等的有爵位的人、掌教化的乡官和北部边境的骑兵，拥有的轺车按一算征收赋税；商人的轺车按两算征收赋税；船只长度在五丈以上的按一算征收赋税。隐瞒不进行自我估算，或者估算不全面的，要被罚到边境戍守一年，并没收其财产。有能够告发以上行为的，将没收财产的一半给予他作为奖励。在官府登记的商人，以及他们的家属，都不得登记占有土地，以利于农业生产。胆敢违反这项法令的，没收他的田地奴仆。"

[原文]

天子乃思卜式之言，召拜式为中郎①，爵左庶长②，赐田十顷，布告天下，使明知之。

【注释】

① 中郎：皇帝的近侍，汉时属郎中令（光禄勋）。
② 左庶长：二十等爵制第十级。

【译文】

皇帝因此想起了卜式说过的话，召来卜式任命为中郎，授予左庶长的爵位，赏赐给他十顷田地，并且向天下颁布诏令，让大家都清楚地知道这件事。

【原文】

初，卜式者，河南人也，以田畜为事。亲死，式有少弟，弟壮，式脱身出分①，独取畜羊百余，田宅财物尽予弟。式入山牧十余岁，羊致千余头，买田宅。而其弟尽破其业，式辄复分予弟者数矣。是时汉方数使将击匈奴，卜式上书，原输家之半县官助边②。天子使使③问式："欲官乎？"式曰："臣少牧，不习仕宦，不愿也。"使问曰："家岂有冤，欲言事乎？"式曰："臣生与人无分争。式邑人贫者贷之，不善者教顺④之，所居人皆从式，式何故见冤于人。无所欲言也。"使者曰："苟如此，子何欲而然？"式曰："天子诛匈奴，愚以为贤者宜死节⑤于边，有财者宜输委⑥，如此而匈奴可灭也。"使者具其言入以闻。天子以语丞相弘。弘曰："此非人情。不轨之臣，不可以为化而乱法，愿陛下勿许。"于是上久不报⑦式，数岁，乃罢式。式归，复田牧。岁余，会军数出，浑邪王等降，县官费众，仓府空。其明年，贫民大徙，皆仰给县官，无以尽赡。卜式持钱二十万予河南守，以给徙民。河南上富人助贫人者籍，天子见卜式名，识之，曰："是固前而欲输其家半助边。"乃赐式外繇⑧四百人。式又尽复予县官。是时富豪皆争匿财，唯式尤欲输之助费。天子于是以式终长者，故尊显以风⑨百姓。

【注释】

① 脱身出分：从家中抽身自立门户。
② 助边：资助边防。
③ 使使：派遣使者。
④ 教顺：教训。顺，通"训"。
⑤ 死节：形容以死报国。
⑥ 输委：捐献财物。
⑦ 不报：不予答复。
⑧ 繇：通"徭"。
⑨ 风：教化。

【译文】

　　当初，卜式是河南郡人，以耕田畜牧为业。父母去世后，卜式有个年幼的弟弟；等弟弟长大后，卜式便分家独立，只拿走家中畜养的一百多只羊，把田地、房产和财物都给了弟弟。卜式到山中牧羊十多年，羊增加到一千多只，购置了田地和房产。但他的弟弟却把家业都败光了，卜式就又多次把自己的财产分给弟弟。那时候汉朝廷正多次派遣将领攻打匈奴，卜式上书朝廷，愿意捐献一半家产给官府资助边防。天子派使者询问卜式："你想做官吗？"卜式说："我从小就放牧，不熟悉做官的事，不想做官。"使者问道："家里莫非有什么冤屈，想要申诉吗？"式说："我生来就与人没有争执。同乡人有贫困的我就借钱给他们，行为不好的我就教导他们改过向善，我住的地方的人都听从我的，我怎么会受冤屈呢？没有什么要申诉的。"使者说："如果真是这样，你为什么要这样做呢？"卜式说："天子要讨伐匈奴，我认为有才能的人应该在边疆以死报国，有钱财的人应该捐献财物，只有这样匈奴才能被消灭。"使者把卜式的话全部禀报给了天子。天子把使者的话告诉了丞相公孙弘。公孙弘说："这不合乎常理。行为不合常规的人，不能作为榜样来教化百姓，以免扰乱法度，希望陛下不要接受他的捐赠。"于是天子很久没有回复卜式，过了几年，才拒绝他。卜式回家后，又继续耕田放牧。过了一年多，正赶上汉军多次出兵，浑邪王等人投降，朝廷开销很大，国库空虚。第二年，大量贫民迁徙，都依靠官府救济，官府无力全部供养。卜式拿出二十万钱交给河南郡守，用来供给迁徙的百姓。河南郡呈报富人资助贫民的户籍名册，天子看到卜式的名字，认出了他，说："这就是之前要捐献一半家产资助边防的那个人。"于是赏赐给卜式相当于四百人的代役钱十二万。卜式又把钱全部给了官府。那个时候，富豪都争相隐匿财产，只有卜式特别想把财产捐献出来帮助国家。天子因此认为卜式是真正的德高望重之人，所以给予他尊贵的地位和显赫的荣誉，用来教化百姓。

[原文]

　　初，式不愿为郎。上曰："吾有羊上林中，欲令子牧之。"式乃拜为郎，布衣屩①而牧羊。岁余，羊肥息。上过见其羊，善②之。式曰："非独羊也，治民亦犹是也。以时起居。恶者辄斥去，毋令败群。"上以式为奇，拜为缑氏③令试之，缑氏便之。迁为成皋令，将漕最。上以为式朴忠，拜为齐王④太傅。

[注释]

① 屩（juē）：草鞋。

② 善：赞许。

③ 缑（gōu）氏：古县名，秦置，治今河南洛阳市偃师区东南。

④ 齐王：刘闳（？—前110年），汉武帝第二子，生母王夫人。

[译文]

　　起初，卜式不愿意做郎官。皇上说："我在上林苑中养了些羊，想让你替我放羊。"卜式这才接受任命做了郎官，穿着粗布衣服和草鞋去放羊。一年多以后，羊群长得肥壮，而且繁殖了很多。皇上路过那里，看到他放的羊，称赞了一番。卜式说："不仅仅放羊是如此，治理百姓也是一样的道理。要让他们按时作息。对于品行恶劣的人就要及时清理出去，不要让他们败坏了整个群体。"皇上认为卜式这个人很特别，就任命他为缑氏令来考验他的才能，结果缑氏的百姓都觉得很满意。后来又升他做了成皋令，管理漕运事务，他的政绩是最好的。皇上认为卜式为人朴实忠厚，就任命他做了齐王的太傅。

[原文]

　　而孔仅之使天下铸作器，三年中拜为大农，列于九卿。而桑弘羊为大农丞，管诸会计①事，稍稍置均输②以通货物矣。

〔注释〕

① 会计：监督和管理财务的工作。
② 均输：西汉武帝时期，由桑弘羊推行的一项旨在调节物价、便利运输、增加财政收入的经济政策。其核心是通过在各地设立均输官，统一管理贡品和物资的调运、买卖，以平衡各地物价，降低运输成本，并为国家创造收益。

〔译文〕

孔仅因为奉命到各地督造铁器，三年内被任命为大农令，位列九卿。而桑弘羊则担任了大农丞，负责管理各项财务工作，并逐步设立均输制度来流通货物。

〔原文〕

始令吏得入谷①补官，郎至六百石。

〔注释〕

① 入谷：纳谷于官府以买官。

〔译文〕

当时开始允许官吏通过向官府缴纳谷物来补任官职，其中补任郎官需要缴纳的谷物最多达到六百石。

〔原文〕

自造白金五铢钱后五岁，赦吏民之坐盗铸金钱死者数十万人。其不发觉相杀者，不可胜计。赦自出者百余万人。然不能半自出①，天下大抵无虑②皆铸金钱矣。犯者众，吏不能尽诛取，于是遣博士褚大③、徐偃等分曹循行郡国，举兼并之徒守相为利者。而御史大夫张汤方隆贵用事，减宣、杜周等为中丞，义纵、尹齐、王温舒等用惨急刻深为九卿，而直指④夏兰之属始出矣。

〔注释〕

① 自出：相当于"自首"。
② 无虑：无顾忌，肆无忌惮。
③ 褚大：西汉经学家，兰陵（今山东枣庄峄城）人，从胡毋生学《春秋》，为武帝时期的博士，尝受遣持节巡行天下。
④ 直指：官名。汉武帝末年各地民众反抗，朝廷特派官员着绣衣，持节发兵，进行镇压，并有权诛杀镇压不力的地方官员，称"绣衣直指"，或称"直指绣衣使者""绣衣使者"。

〔译文〕

　　自从开始铸造白金和五铢钱后五年，朝廷赦免了因私铸钱币而被判处死刑的官吏和百姓，有数十万。其中没有被朝廷发觉而被地方官自行处死的人，数量多得无法计算。经自首并缴纳赎金而获得赦免的人，有一百多万。然而自首的人连一半都不到，天下百姓大概都肆无忌惮地私铸钱币了。犯罪的人太多，官府无法全部惩罚收治。于是朝廷派遣博士褚大、徐偃等人分头巡视各郡国，检举那些进行土地兼并以及相互勾结谋取私利的郡守、国相等。而当时御史大夫张汤正位高权重，减宣、杜周等人被任命为御史中丞，义纵、尹齐、王温舒等人因为执法严酷苛刻而被擢升为九卿，在这种情况下，像绣衣直指夏兰这样的人便开始出现了。

【原文】

　　而大农颜异诛。初，异为济南亭长①，以廉直稍迁至九卿。上与张汤既造白鹿皮币，问异。异曰："今王侯朝贺以苍璧②，直数千，而其皮荐反四十万，本末不相称。"天子不说。张汤又与异有郤③，及有人告异以它议，事下张汤治异。异与客语，客语初令下有不便者，异不应，微反唇。汤奏当异九卿见令不便，不入言而腹诽④，论死。自是之后，有腹诽之法比⑤，而公卿大夫多谄谀取容矣。

【注释】

① 亭长：西汉时期，为了维护地方治安和交通便利，在乡村地区大约每十里设置一个称为"亭"的基层单位，并设置相应的行政长官，称为"亭长"。
② 苍璧：古代重要的玉制礼器，一般指用于祭天的青色玉璧。
③ 郤（xì）：通"隙"，引申为嫌隙。
④ 腹诽：汉代罪名之一，即认定臣下对统治者心怀不满而加的罪名，始自汉武帝时。
⑤ 比：事例。

【译文】

　　而大农令颜异被处死了。起初，颜异只是济南郡的一个亭长，因为清廉正直，逐渐升迁至九卿。皇上与张汤在创制白鹿皮币后，曾询问颜异的看法。颜异回答："现在诸侯来朝拜进贡的苍璧，价值不过几千钱，而作为衬垫的鹿皮反而价值四十万，主次颠倒，很不相称。"皇上听后很不高兴。张汤又与颜异素有嫌隙，恰好有人以其他事告发颜异，于是这件事就交给张汤去审理。颜异曾与客人谈话，客人谈到新颁布的法令有些不妥之处，颜异没有回应，只是稍微撇了撇嘴。张汤上奏皇上，认为颜异身为九卿，看到法令有不妥的地方，不向朝廷进谏，却心怀不满，应当判处死刑。自此以后，就有了以"腹诽"定罪的先例，而公卿大臣大多都变得谄媚奉承，以求得皇帝的欢心了。

〔原文〕

天子既下缗钱令而尊卜式，百姓终莫分财佐县官，于是告缗钱①纵矣。

〔注释〕

① 告缗钱：即告缗，奖励告发隐匿钱财数额逃避税款。《史记·酷吏列传》："出告缗令。"张守节正义："若隐不税，有告之，半与告人，余半入官，谓缗。"

〔译文〕

皇帝颁布了缗钱令并尊卜式为天下人的楷模，但百姓最终还是没有人愿意分出财产来协助地方官府，因此朝廷鼓励民众告发商人隐匿财产的行为。

〔原文〕

郡国多奸铸①钱，钱多轻，而公卿请令京师铸钟官②赤侧③，一当五，赋官用非赤侧不得行。白金稍贱，民不宝用，县官以令禁之，无益。岁余，白金终废不行。

〔注释〕

① 奸铸：伪铸。
② 钟官：汉代水衡都尉属官，掌铸钱。
③ 赤侧：以赤铜为钱币外缘。"钟官赤侧"，一种外缘为赤铜的钱币，始铸于汉武帝时。

〔译文〕

各诸侯国和郡县常常私自铸造劣质钱币，导致市面上的钱币普遍分量不足，于是公卿们请求朝廷下令铸造"钟官赤侧"，一枚新币抵五枚旧币，并且规定缴纳赋税以及其他官方用途时，必须使用赤侧钱。白金（指白金三品等货币）的价值因此有所贬低，百姓不喜欢用它，地方官府颁布法令禁止这样的行为，但没有任何效果。一年多以后，白金最终被废止，不再流通使用。

〔原文〕

是岁①也，张汤死而民不思。

〔注释〕

① 是岁：元鼎二年（前115年）。

〔译文〕

就在这一年（前115年），张汤去世，百姓却对他没有任何怀念之意。

〔原文〕

其后二岁，赤侧钱贱，民巧法用之，不便，又废。于是悉禁郡国无铸钱，专令上林三官①铸。钱既多，而令天下非三官钱不得行，诸郡国所前铸钱皆废销②之，输其铜三官。而民之铸钱益少，计其费不能相当，唯真工③大奸乃盗为之。

〔注释〕

① 上林三官：汉代管理铸钱的均输、钟官、辨铜令三官。
② 销：熔化。
③ 真工：谓技艺精湛，以伪乱真。

〔译文〕

之后两年，赤侧钱的价值下跌，百姓不按一当五的规定来使用，流通不利，这种钱币又被废止了。于是，朝廷全面禁止各郡国私自铸造钱币，只允许上林三官负责铸造。市面上钱币的数量已经很多，朝廷便下令全国各地只能使用三官铸造的钱币，所有郡国之前铸造的钱币都被熔毁，并将熔毁所得的铜上交三官。百姓私铸钱币的情况变得越来越少，因为他们核算下来发现铸钱的成本与收益不成正比，只有技艺高超的大奸商才会私自铸造。

〔原文〕

　　卜式相齐，而杨可告缗遍天下，中家①以上大抵皆遇告。杜周治之，狱少反者。乃分遣御史廷尉正监②分曹往，即治郡国缗钱，得民财物以亿计，奴婢以千万数，田大县数百顷，小县百余顷，宅亦如之。于是商贾中家以上大率破，民偷甘食好衣，不事畜藏之产业，而县官有盐铁缗钱之故，用益饶矣。

〔注释〕

① 中家：中产人家。
② 廷尉正监：秦汉时期廷尉的副职，官位相当于列卿之丞，是负责审理疑难案件的高级法官，并可代表廷尉参与诏狱会审。

〔译文〕

　　卜式在齐国担任国相，而杨可发起的告发隐匿财产的行动波及全国，中等收入以上的人家大多都被人告发。杜周负责审理这些案件，很少有能够翻案的人。于是朝廷派遣御史和廷尉正监等官员分头前往各地处理隐匿财产的案件，没收的百姓财产数以亿计，奴婢多达千万，田地大县有几百顷，小县也有一百多顷，房产也大致如此。因此，商贾中中等收入以上的人家大多因此破产，百姓只求能有美味的食物和漂亮的衣服，不再从事畜牧、囤积等生产经营活动，而朝廷因为有盐铁专卖和没收隐匿财产所得，财政收入渐渐充裕了。

〔原文〕

　　益广关①，置左右辅②。

083

〔注释〕

① 关：这里指函谷关。古函谷关原在今河南省灵宝市东北，新函谷关在今河南新安东，元鼎三年（前114年）移至此，离故关三百里，故名新关。
② 左右辅：元鼎四年（前113年），汉武帝设立三辅都尉（见《汉书·百官公卿表》），分治高陵（左辅都尉）、郿（右辅都尉）和华阴（京辅都尉）。文中所提"左右辅"应为对三辅的简称。

〔译文〕

函谷关东迁三百多里，扩大了关中地域，并设置了三辅都尉的官职。

〔原文〕

初，大农管盐铁官布多，置水衡①，欲以主盐铁。及杨可告缗钱，上林财物众，乃令水衡主上林。上林既充满，益广。是时越欲与汉用船战逐，乃大修昆明池，列观②环之。治③楼船，高十余丈，旗帜加其上，甚壮。于是天子感之，乃作柏梁台④，高数十丈。宫室之修，由此日丽。

〔注释〕

① 水衡：水衡都尉，是西汉元鼎二年（前115年）设立的官职，掌管上林苑及皇室财物、铸钱（《汉书》应劭注释其名源于古"衡"官）。东汉废除，三国魏复置，改掌水军器械。
② 观（guàn）：楼台一类的建筑。
③ 治：建造。

④ 柏梁台：亦称"柏台"，是汉武帝时期建于长安城北门内的高台，以柏木为梁而得名（见《三辅黄图》）。汉武帝曾在此宴饮赋诗。后"柏台"也泛指宫殿。

【译文】

起初，由于大农令掌管的盐铁官分散，于是设立了水衡都尉这一官职，想让其主管盐铁事务。等到杨可告发隐瞒缗钱的事情发生后，上林苑聚集了大量财物，就命令水衡都尉主管上林苑。上林苑已经堆满财物，就进一步扩建。当时，越国想要与汉朝通过水战进行对抗，于是大规模地修建了昆明池，并在水池四周建造了一系列观楼。还建造了高大的楼船，高度超过十丈，船上竖着旗帜，非常壮观。皇上受到它的感染，又下令修建了柏梁台，高度达数十丈。宫殿的修建，也从此变得日益华丽。

【原文】

乃分缗钱诸官，而水衡、少府、大农、太仆①各置农官，往往即郡县比没入田田②之。其没入奴婢，分诸苑养狗马禽兽，及与诸官。诸官益杂置多，徒奴婢③众，而下河④漕度四百万石，及官自籴乃足。

【注释】

① 太仆：古代官名，负责管理皇家车马及相关事务，也负责传递王命。秦汉时位列九卿之一，俸禄为中二千石。
② 田：古同"佃"，耕作。
③ 徒奴婢：服劳役的奴婢。

④ 下河：潼关以东的黄河。

【译文】

　　于是将没收的缗钱分配给各个官府，并且水衡、少府、大农、太仆等各自设立了管理农业的官员，他们往往就近在各郡县管理和耕种那些没收来的田地。其中没收的奴婢，一部分分配到各个皇家园林去饲养狗马禽兽，另一部分则分给各个官府。各个官府设置的各种职官越来越多，服劳役的奴婢也越来越多，故而每年从黄河下游通过水路运送的粮食达到四百万石，还要加上官府自行购买的粮食才能满足需求。

【原文】

　　所忠①言："世家子弟富人或斗鸡走狗马，弋猎博戏，乱齐民。"乃征②诸犯令，相引数千人，命曰"株送徒"。入财者得补郎，郎选③衰矣。

【注释】

① 所忠：汉武帝宠信的一个臣子。
② 征：通"惩"。
③ 郎选：选任郎官的制度。

【译文】

　　所忠进言说："那些豪门子弟和富人，有的斗鸡、赛狗、赛马，有的射猎、赌博、玩乐，扰乱了齐国百姓的生活。"于是朝廷便惩罚那些违反法令的人，相互牵连数千人，这些人被称为"株送徒"。那些交纳钱财的人得以补任郎官，郎官的选拔制度被败坏了。

〔原文〕

是时山东①被河菑,及岁不登②数年,人或相食,方一二千里。天子怜之,诏曰:"江南③火耕水耨,令饥民得流就食江淮间,欲留,留处④。"遣使冠盖相属于道,护⑤之,下巴蜀粟以振之。

〔注释〕

① 山东:地理区域名称,指崤山以东地区。战国时期,秦人称崤山、函谷关以东的地区为"山东"。战国七雄之中,除秦国以外的韩、赵、魏、齐、楚、燕六国都在崤函以东,故也有"山东六国"之称,唐代也有"山东士族"之称。从东汉时期开始,"山东"指太行山以东。
② 登:成熟。
③ 江南:大致指现在湖北长江以南的区域,以及湖南和江西两省的部分地区。
④ 留处:定居。
⑤ 护:救助。

〔译文〕

当时,崤山以东地区遭受黄河水患,加上连续几年歉收,以至于出现人吃人的惨状,波及范围达到方圆一两千里。皇帝对此深感怜悯,于是下诏说:"长江以南地区采用火耕水耨的耕作方式,让受饥的百姓迁徙到江淮一带谋生,如果愿意留下,可以在那里安家落户。"朝廷不断派遣官员前往灾区,救助、管理这些百姓,并从巴蜀地区调运粮食来赈济他们。

〔原文〕

其明年，天子始巡郡国。东度河，河东守不意行至，不辨①，自杀。行西逾陇，陇西守以行往卒②，天子从官不得食，陇西守自杀。于是上北出萧关③，从数万骑，猎新秦中，以勒④边兵而归。新秦中或千里无亭徼⑤，于是诛北地⑥太守以下，而令民得畜牧边县，官假马母，三岁而归，及息什一⑦，以除告缗，用充仞⑧新秦中。

〔注释〕

① 不辨：差事没办好。辨，通"办"。
② 卒：通"猝"。
③ 萧关：古关名，地处今宁夏固原市东南，扼守关中通往塞北的交通要冲。西汉时期，匈奴曾由此入侵，汉武帝也曾由此出兵北伐。
④ 勒：检阅。
⑤ 徼（jiào）：关塞。
⑥ 北地：北地郡，西汉移治马岭（今甘肃庆城西北），东汉移治富平（今宁夏吴忠西南）。
⑦ 息什一：利息为十分之一。
⑧ 充仞：充牣，充满。

〔译文〕

第二年（前113年），皇帝开始巡视各郡县。向东渡过黄河时，河东太守没有料到皇帝会突然驾临，由于没有做好接待准备，畏罪自杀。向西越过陇山，陇西太守因为来去仓促，导致皇帝的随行官员没有饭吃，于是陇西太守也自杀了。于是皇帝便向北出萧关，带领数万骑兵，在新秦中进行狩猎，检阅边防部队后返回京城。发现新秦中有些地方方圆千里都没有亭障和守卫关塞的士兵，便处死了北地郡太守以下的官员，并下令允许百姓到边境各县放牧，由官府借给母马，三年后归还，凡借母马十匹，归还时应交给官府一匹小马驹作为十分之一的利息，以此来废除告缗令，并用这种方法来充实新秦中地区。

〔原文〕

既得宝鼎，立后土、太一①祠，公卿议封禅事，而天下郡国皆豫治道桥，缮故宫，及当驰道县，县治官储，设供具，而望以待幸②。

〔注释〕

① 后土、太一：土地神和传说中的天神太一（也作泰一）。
② 幸：谓帝王驾临。

〔译文〕

得到宝鼎之后，便设立了祭祀后土和太一神的祠庙，朝廷大臣们商议举行封禅大典的事。而全国各郡县都预先修整道路和桥梁，修缮原有的宫殿。那些位于驰道沿线的县，则整修官府仓库，储备物资，准备各种供设酒食的器具，以期盼皇帝驾临。

〔原文〕

其明年，南越反，西羌侵边为桀。于是天子为山东不赡，赦天下囚，因南方楼船卒二十余万人击南越，数万人发三河以西①骑击西羌，又数万人度河筑令居②。初置张掖、酒泉郡，而上郡、朔方、西河、河西开田官，斥塞③卒六十万人戍田之。中国缮道馈粮，远者三千，近者千余里，皆仰给大农。边兵不足，乃发武库工官兵器以赡之。车骑马④乏绝，县官钱少，买马难得，乃著令，令封君以下至三百石以上吏，以差出牝马⑤天下亭，亭有畜牸马，岁课息⑥。

〔注释〕

① 三河以西：陇西、天水、安定在河内、河南、河东（三河）以西，故谓"三河以西"。
② 令（lián）居：古县名，位置在今天的甘肃永登西北部，是连接湟水流域与河西走廊的重要枢纽。汉武帝时期曾在此修筑关塞、开凿水渠并设置屯田官兵。
③ 斥塞：开拓边塞。
④ 车骑马：战马或军马。
⑤ 牝马：母马，后文中"牸马"亦为母马。
⑥ 课息：责成交配繁殖。

〔译文〕

第二年（前112年），南越发动叛乱，西羌也入侵边境作乱，凶狠残暴。于是，皇帝因为崤山以东地区收成不好，便大赦天下罪犯，随即调集南方水军二十余万人攻打南越，又从三河以西征调数万骑兵讨伐西羌，还派遣数万人渡过黄河修筑令居城。当时新设立了张掖、酒泉两个郡，并且在上郡、朔方、西河、河西等地设立了管理农业生产的田官，开拓边塞的六十万戍边士兵在这里进行屯田。中原地区则修缮道路并运送粮草，路途遥远的达到三千里，近的也有一千多里，这些军需物资都依赖大司农供给。边军的武器装备不足，便从武库和工官那里调拨兵器来补充。战马严重匮乏，地方官府又缺少资金，难以购得马匹，于是朝廷颁布法令，命令从拥有封地的贵族到俸禄在三百石以上的官员，按照等级的高低贡献一定数量的母马，分放到全国各地的亭，每个亭都饲养母马，每年考核其繁殖情况，上交一定数量的马作为利息。

[原文]

齐相卜式上书曰："臣闻主忧臣辱。南越反，臣愿父子与齐习船者往死之。"天子下诏曰："卜式虽躬耕牧，不以为利，有余辄助县官之用。今天下不幸有急，而式奋愿父子死之，虽未战，可谓义形于内①。赐爵关内侯②，金六十斤，田十顷。"布告天下，天下莫应。列侯③以百数，皆莫求从军击羌、越。至酎④，少府省⑤金，而列侯坐酎金失侯者百余人。乃拜式为御史大夫。

[注释]

① 义形于内：仗义持正之情流露在脸上。
② 关内侯：二十等爵制的第十九级。
③ 列侯：汉代二十等爵制中的最高爵位，曾短暂改称"通侯"。他们拥有对其封地（食邑）征收赋税的特权，封地大小不等，以最初划定的户数为准。
④ 酎（zhòu）：经过多次酿造的浓醇酒。汉代规定天子用酎酒祭祀宗庙，诸侯需献金助祭，称为"酎金"。

⑤ 省（xǐng）：察看或检查。

〔译文〕

　　齐国国相卜式上书说："臣听闻'国君忧虑，臣子当引为耻辱'。如今南越发生叛乱，臣父子二人愿意跟随齐国熟悉水战的士兵一同前往战场效死。" 皇帝下诏道："卜式虽然躬身耕田放牧，却不以此谋取私利，如有盈余便资助地方官府的开支。如今国家不幸遭遇危难，而卜式慷慨激昂地表示要父子一同为国捐躯，即使尚未出征，仗义持正之情流露在脸上。特赐予他关内侯的爵位，黄金六十斤，良田十顷。"（皇帝将此事）昭告天下，但天下无人响应。数百名列侯，竟然没有一人主动请求带兵攻打羌族和南越。到了朝廷举行酎祭之时，少府官员检查各列侯进献的酎金，结果有一百多名列侯因为所献酎金成色或分量不足而被剥夺了爵位。（皇帝）便任命卜式为御史大夫。

〔原文〕

　　式既在位，见郡国多不便县官作盐铁，铁器苦恶①，贾②贵，或强令民卖买之。而船有算③，商者少，物贵，乃因孔仅言船算事。上由是不悦卜式。

〔注释〕

① 苦恶：粗劣，质量差。
② 贾（jià）：后作"价"。
③ 船有算：前文曾说"船五丈以上一算"。

[译文]

　　卜式任职之后，发现许多地方都对官府经营盐铁感到不满，认为铁制器具非常粗劣、价格昂贵，甚至有强迫百姓买卖的情况。而且对船只征收算赋，导致商人减少，货物价格上涨，于是（卜式）就通过孔仅向朝廷反映船只算赋的问题。皇帝因此对卜式产生了不满。

[原文]

　　汉连兵三岁，诛①羌，灭南越，番禺②以西至蜀南者置初郡十七，且以其故俗治，毋赋税。南阳、汉中以往③郡，各以地比给初郡吏卒奉食币物，传车马④被具。而初郡时时小反，杀吏，汉发南方吏卒往诛之，间岁万余人，费皆仰给大农。大农以均输调盐铁助赋，故能赡之。然兵所过县，为以訾⑤给毋乏而已，不敢言擅赋⑥法矣。

[注释]

① 诛：讨伐。
② 番（pān）禺：秦置县，因有番、禺二水得名，在今广东广州东南部。
③ 以往：这里指以南。
④ 传（zhuàn）车马：古代驿站的专用车辆称"传车"，专用马匹称"传马"。
⑤ 訾（zī）：通"资（赀）"。
⑥ 擅赋：擅自增加赋税。

[译文]

汉朝连续用兵三年，讨伐羌人，消灭南越国，在从番禺以西到蜀郡南部的区域设立了十七个新郡，并且按照当地原有的习俗进行管理，免征赋税。从南阳、汉中等原有的郡南向的各郡，各自根据与新郡邻近的程度供给新郡官吏士兵的俸禄、食物和财物，以及驿站车马和各种用具。然而这些新设立的郡经常发生小规模的反叛，甚至有杀害官吏的情况，汉朝便调派南方的官兵前去镇压，每年有一万多人，这些费用都依赖大农供给。大农依靠均输法调运各地盐铁的收入来补充赋税的不足，才能够维持这些开支。然而军队所经过的县，只是按照资财供给他们所需，保证不缺乏物资而已，不敢再提擅自变动赋税的事了。

[原文]

其明年，元封元年，卜式贬秩①为太子太傅。而桑弘羊为治粟都尉②，领大农，尽代仅管天下盐铁。弘羊以诸官各自市，相与争，物故腾跃，而天下赋输或不偿其僦费③，乃请置大农部丞数十人，分部主郡国，各往往县置均输盐铁官，令远方各以其物贵时商贾所转贩者为赋，而相灌输④。置平准于京师，都受天下委输⑤。召工官治车诸器，皆仰给大农。大农之诸官尽笼天下之货物，贵即卖之，贱则买之。如此，富商大贾无所牟大利，则反本⑥，而万物不得腾踊。故抑天下物，名曰"平准"。天子以为然，许之。于是天子北至朔方，东到太山，巡海上，并⑦北边以归。所过赏赐，用帛百余万匹，钱金以巨万计，皆取足大农。

〔注释〕

① 贬秩：贬职。

② 治粟都尉：亦称"搜粟都尉"，汉武帝时期设立的官职，统属于大司农，主管农业生产及军屯事务。桑弘羊、赵过等人曾担任此职。该职位并非常设职位。

③ 僦（jiù）费：运输的费用。

④ 灌输：流通。

⑤ 委输：输送贮积的货物。

⑥ 反本：回归农业。反，同"返"。

⑦ 并：通"傍"，相挨着，这里指沿着。

〔译文〕

　　第二年，也就是元封元年（前110年），卜式被降职，改任太子太傅。而桑弘羊担任治粟都尉，兼领大农令，完全取代了孔仅负责管理全国的盐铁事务。桑弘羊认为各级官员各自进行贸易，互相竞争，导致物价波动剧烈，而且各地向中央输送的赋税甚至不够支付运输费用，于是请求设置大农部丞数十人，分片管理各郡国的事务，各部又常常在重要的县设置均输和盐铁的管理官员，让边远地区按照物价高的时候商人贩运的货物作为征收赋税的标准，并在各地之间进行物资的调运。在京师设立平准机构，统一接收各地上缴的货物。征召工官制造车辆等各种器物，所需费用都由大农供给。大农下属的各级机构全面控制了天下的货物，价格高就卖出，价格低就买入。这样一来，大商人无法从中获取暴利，就会回归农本，各种商品的价格也就不会出现大幅波动。因此，这种抑制天下物价的政策，被称为"平准"。皇帝认为他说得有道理，就同意了他的请求。

于是皇帝向北到达朔方,向东到达泰山,巡视了沿海地区,并沿着北部边境返回。所到之处均进行赏赐,用去的丝织品有一百多万匹,钱币和黄金数以亿计,都由大农足额提供。

〔原文〕

弘羊又请令吏得入粟补官,及罪人赎罪。令民能入粟甘泉①各有差,以复终身,不告缗。他郡各输急处,而诸农②各致粟,山东漕益岁六百万石。一岁之中,太仓、甘泉仓满。边余谷诸物均输帛五百万匹。民不益赋而天下用饶。于是弘羊赐爵左庶长,黄金再百斤焉。

〔注释〕

① 甘泉:宫名,原本为秦时林光宫,汉武帝将其扩建后常在此避暑,或接见诸侯和外宾。故址在今陕西淳化西北甘泉山。
② 诸农:前文提到"水衡、少府、太仆、大农各置农官",此处便指这些农官。

〔译文〕

桑弘羊又奏请允许官员可以通过捐献粮食来获得官职,以及让犯人通过缴纳粮食来赎罪。下令百姓凡是能够向甘泉宫(的粮仓)缴纳粮食的,根据缴纳数量的不同给予不同的待遇,可免除他们终身的赋税和徭役,并且不在告缗的范围之内。其他郡各自将粮食运送到急需的地方,而农业部门也各自运送粮食,从崤山以东地区通过水路运输的粮食每年增加到六百万石。一年之内,太仓和甘泉宫的粮仓都装满了。边境剩余的粮食及其他各种物资,通过均输制度调运了五百万匹丝织品。百姓没有增加赋税，而国家的财用却变得充裕。于是，朝廷赐予桑弘羊左庶长的爵位，并赏赐给他黄金两百斤。

【原文】

是岁小旱，上令官求雨，卜式言曰："县官当食租衣税而已，今弘羊令吏坐市列肆①，贩物求利。亨②弘羊，天乃雨。"

【注释】

① 市列肆：市中的商铺。
② 亨（pēng）："烹"的本字，以鼎镬煮人的严酷刑罚。

【译文】

这一年发生了不太严重的旱灾，皇上下令官员们求雨，卜式进言道："朝廷官员应该仅仅依靠收取租税来维持生活，如今桑弘羊却让官吏在市场上开设店铺，做买卖来谋取私利。烹杀桑弘羊，天就会下雨。"

【原文】

太史公曰："农工商交易之路通，而龟贝①金钱刀布之币兴焉。所从来久远，自高辛氏②之前尚③矣，靡得而记云。故《书》道唐虞之际，《诗》述殷周之世，安宁则长④庠序⑤，先本绌末，以礼义防于利。事变多故而亦反是。是以物盛则衰，时极而转，一质一文⑥，终始之变也。

〔注释〕

① 龟贝：龟甲和贝壳，在秦朝以前曾用作货币。
② 高辛氏：帝喾，号高辛氏，传说中古代部族首领。
③ 尚：久远。
④ 长（zhǎng）：崇尚。
⑤ 庠（xiáng）序：古代的学校，后人通释为乡学。
⑥ 一质一文：一时质朴，一时文华。

〔译文〕

太史公司马迁说："农、工、商之间的交易通道畅通之后，龟、贝、钱、刀、布等各种货币也就随之产生了。这种现象由来已久，但高辛氏之前十分久远，已经无法找到相关的记载了。《尚书》记载了唐尧、虞舜时期的事迹，《诗经》叙述了殷商、周代的社会状况，社会安定太平的时候，人们就会重视教育，推崇农业，抑制商业，用礼义来约束人们对私利的追逐。一旦社会动荡不安，情况就会与此相反。因此，事物发展到鼎盛时期就会走向衰落，时局发展到极端就会发生转变，社会风气时而质朴，时而繁华，这就是事物从开始到终结循环变化的规律。

〔原文〕

"《禹贡》九州①，各因其土地所宜，人民所多少而纳职②焉。汤武承弊易变，使民不倦，各兢兢③所以为治，而稍陵迟衰微。齐桓公用管仲之谋，通轻重之权④，徼⑤山海之业，以朝诸侯，用区区之齐显成霸名。魏用李克⑥，尽地力⑦，为强君。自是之后，天下争于战国，贵诈力⑧而贱仁义，先富有而后推让。故庶人之富者或累巨万，而贫者或不厌糟糠。有国强者或并群小以臣诸侯，而弱国或绝祀而灭世。以至于秦，卒并海内。

〖注释〗

① 《禹贡》九州：《禹贡》，《尚书》中的一篇。九州，传说中的中国上古地理区划，说法不一，《尚书·禹贡》认为分别是冀、兖、青、徐、扬、荆、豫、梁、雍。
② 职：贡品。
③ 兢兢：小心谨慎的样子。
④ 轻重之权：衡量和调控货币价值及物价水平的标准和方法。
⑤ 徼（yāo）：同"邀"，求取。
⑥ 李克：当为李悝（前455—前395），战国初魏国人，曾任魏文侯相，推行"尽地力之教"，发展农业生产。
⑦ 尽地力：充分发掘土地的潜力。
⑧ 诈力：欺诈与武力。

〖译文〗

"《禹贡》所载的九州，各地都根据其土地的特产和人口数量来缴纳各自的贡赋。商汤和周武王承接前朝的弊病加以变革，使得百姓不再感到疲惫，他们各自小心谨慎地治理国家，但最终还是逐渐走向衰落。齐桓公采纳管仲的策略，精通衡量和调控货币价值及物价水平的标准和方法，开发山海资源，使得其他诸侯前来朝见，凭借小小的齐国，成就了霸主的显名。魏国任用李悝，充分利用土地资源，使国君成为强大的君主。从这之后，各国都好战而重视武力，看重欺诈和武力而轻视仁义道德，追求先变得富足然后再讲谦让。因此，普通百姓中富有的人，有的积累了亿万财富；而贫穷的人，有的却连粗劣的食物都不够吃。强大的诸侯国,有的吞并弱小的国家,并迫使其他诸侯称臣;而弱小的国家,有的断绝了祭祀,最终灭亡。直到秦国最终一统海内。

〔原文〕

"虞夏①之币,金为三品,或黄,或白,或赤。或钱,或布,或刀,或龟贝。及至秦,中一国之币为二等,黄金以溢②名,为上币。铜钱识曰半两,重如其文,为下币。而珠玉、龟贝、银锡之属为器饰宝藏,不为币。然各随时而轻重无常。于是外攘夷狄,内兴功业,海内之士力耕不足粮饷,女子纺绩不足衣服。古者尝竭天下之资财以奉其上,犹自以为不足也。无异故云,事势③之流,相激使然,曷④足怪焉。"

〔注释〕

① 虞夏:虞舜时代和夏朝。
② 溢:通"镒",通常二十两为一镒。
③ 事势:世事的趋势。
④ 曷:何,什么。

〔译文〕

"虞舜时代和夏朝的货币,金属类分为三个等级,有黄金、白银和赤铜,此外还有钱币、布帛、刀币和龟贝币。到了秦朝,货币统一分为两个等级:黄金以镒为单位,作为上等货币;铜钱上标示为"半两",重量与标示的文字相符,作为下等货币。而珠玉、龟贝、银锡等则被当作装饰品或珍宝收藏起来，不再作为货币。但这些东西各自因时而变，贵贱没有固定的标准。那时对外抗击外族，对内大建功业。国内的男子即使努力耕种也无法满足军需粮饷，女子即使辛勤纺织也无法满足人们的穿衣需求。古代统治者曾经耗尽天下的财富来供奉自己，仍然觉得不够用。没什么其他原因，只是世事发展的趋势，各种因素相互作用导致了这样的结果，有什么值得奇怪的呢？"

汉书·食货志

〔原文〕

　　凡货①，金、钱、布、帛之用，夏、殷以前，其详靡记云。太公为周立九府②圜法③：黄金方寸而重一斤；钱圜函方④，轻重以铢；布、帛广二尺二寸为幅，长四丈为匹。故货宝于⑤金，利于刀，流于泉，布于布，束于帛。

〔注释〕

① 货：财货。
② 九府：周代掌管财物的官署，一说分别为太府、王府、内府、外府、泉府、天府、职内、职金、职币。
③ 圜（yuán）法：代指货币制度。圜，同"圆"。
④ 钱圜函方：钱为圆形，内含方孔。
⑤ 于：同"如"。

〔译文〕

　　但凡财货，如金、钱、布、帛的用处，在夏朝、殷商以前，其详细状况并无记载。姜太公为周朝制定了九府圜法：黄金一寸见方，重为一斤；钱为圆形，内含方孔，以铢作为重量单位；布匹、丝帛宽二尺二寸为一幅，长四丈为一匹。这样一来，货币的使用中，黄金是最珍贵的,刀币用起来很便利,泉布也在流通,布匹可用于交易,丝帛也可用于买卖。

[原文]

太公退①,又行之于齐。至管仲相桓公,通轻重之权,曰:"岁有凶穰,故谷有贵贱;令有缓急,故物有轻重。人君不理,则畜贾②游于市,乘民之不给,百倍其本矣。故万乘之国必有万金之贾,千乘之国必有千金之贾者,利有所并③也。计本量委则足矣,然而民有饥饿者,谷有所臧也。民有余则轻之,故人君敛之以轻④;民不足则重之,故人君散之以重。凡轻重敛散之以时,则准平⑤。守准平,使万室之邑必有万钟之臧,臧繦⑥千万;千室之邑必有千钟之臧,臧繦百万。春以奉耕,夏以奉耘,耒耜器械,种饷⑦粮食,必取澹⑧焉。故大贾畜家不得豪夺吾民矣。"桓公遂用区区之齐合诸侯,显伯名。

[注释]

① 退:这里指姜太公被封于齐。

② 畜贾:囤积居奇的富商。

③ 并:通"屏",隐藏。

④ 敛之以轻:低价收购,与"散之以重(高价抛售)"相对。

⑤ 准平:调节供求,稳定物价。

⑥ 繦(qiǎng):成串的铜钱。

⑦ 种饷:当作"种穰",即种子。

⑧ 澹：通"赡"，供给。

［译文］

　　太公被封于齐后，又在那里推行这些政策。到管仲辅佐齐桓公时，他精通衡量和调控货币价值及物价水平的标准和方法，并说道："年景有好有坏，所以粮食有贵有贱；政令有宽有紧，所以物品有贵有贱。如果国君不加以治理，那么囤积居奇的富商就会在市场上活动，趁老百姓物资匮乏时，把价格抬高到成本的百倍。所以拥有万辆兵车的国家一定会出现拥有万金家财的商人，拥有千辆兵车的国家一定会出现拥有千金家财的商人，这是因为利润被他们藏起来了。按照生产量来衡量消费量本来已经足够了，然而百姓中还有人挨饿，是因为粮食被（商人）囤积起来了。老百姓的粮食有盈余就看轻它，所以君主就以较低的价格收购；老百姓的粮食不足就看重它，所以君主就以较高的价格出售。凡是根据时机进行轻重的调节和收购、出售，就能使物价稳定。维持物价稳定，使得拥有一万户人家的城邑一定有万钟的粮食储备，用绳子串起来的钱有千万串；拥有一千户人家的城邑一定有千钟的粮食储备，有百万串钱。春天就耕种，夏天就除草，耕作的农具、种子和粮食，一定要准备充足。这样一来，大商人和囤积居奇的富商就不能仗势欺压、掠夺我们的百姓了。"齐桓公便（通过管仲的政策）使小小的齐国会合诸侯，显扬了他霸主的威名。

［原文］

　　其后百余年，周景王①时患钱轻，将更铸大钱，单穆公②曰："不可。古者天降灾戾③，于是乎量资币，权轻重，以救民。民患轻，则为之作重币以行之，于是有母权子④而行，民皆得焉。若不堪重，则多作轻而行之，亦不废重，于是乎有子权母而行，小大利之。今王废轻而作重，民失其资，能无匮乎？民若匮，王用将有所乏，乏将厚取于民，民不给，将有远志⑤，是离民也。且绝民用以实王府，犹塞川原为潢污⑥也，竭亡日矣。王其图之。"弗听，卒铸大钱，文曰"宝货"，肉好⑦皆有周郭，以劝农澹不足，百姓蒙利焉。

〔注释〕

① 周景王：周灵王之子，名贵，前544年至前520年在位。
② 单穆公：周国卿士，春秋时周人，名旗。
③ 灾戾：自然灾害，天灾。
④ 母权子：货币贬值，物价上涨时，以重钱为主，叫"母权子"，反之则叫"子权母"。
⑤ 远志：逃离的想法。
⑥ 潢（huáng）污（wū）：池塘。
⑦ 肉好（hào）：肉和好，分别为钱币的边缘和中间的孔。

〔译文〕

　　那之后一百多年，到了周景王时期，他担忧市面上的钱币太轻，打算改铸大钱，卿士单穆公说："不能这样做。古时上天降下灾祸，因此要衡量财币，权衡轻重，以此来救济百姓。如果百姓抱怨钱币太轻，就为他们铸造较重的钱币来流通，这样就形成了以重币为主导的大小钱并行的局面，百姓都能从中受益。如果无法承受重币的流通，就多铸造轻币来流通，但也不废除重币，这样就形成了以轻币补充重币不足的局面，无论使用大钱还是小钱都有利。现在大王废除轻币而只铸造重币，百姓就会失去他们的原有资财，能不感到匮乏吗？如果百姓感到匮乏，大王的用度也会出现短缺；大王的用度一旦短缺，就必然会加重对百姓的搜刮；百姓无法承受，就会产生逃离的想法，这是使百姓离散的做法。而且断绝百姓的正常用度来充实王室的府库，就像堵塞河流的源头来造池塘一样，不日便会枯竭。请大王仔细考虑。"周景王没有听从他的劝谏，最终还是铸造了大钱，钱文为"宝货"，钱币的边缘和中间的孔都有外郭，以此劝勉农民弥补不足，百姓也会因此受益。

【原文】

秦兼天下，币为二等：黄金以溢为名，上币；铜钱质如周钱，文曰"半两"，重如其文。而珠、玉、龟、贝、银、锡之属为器饰宝藏，不为币，然各随时而轻重无常。

【译文】

秦国统一天下后，货币分为两等：黄金以镒为单位，作为上等货币；铜钱的形制与周朝的钱币相似，上面铸有"半两"字样，重量也正如其字（即重半两）。而珍珠、玉器、龟甲、贝壳、白银、锡等则被用作器物装饰和珍宝收藏，不再作为货币使用，但这些东西各自因时而变，贵贱没有固定的标准。

【原文】

汉兴，以为秦钱重难用，更令民铸荚钱。黄金一斤。而不轨逐利之民畜积余赢以稽①市，物痛②腾跃，米至石万钱，马至匹百金。天下已平，高祖乃令贾人不得衣丝乘车③，重税租以困辱之。孝惠、高后时，为天下初定，复弛商贾之律，然市井④子孙亦不得为官吏。孝文五年，为钱益多而轻，乃更铸四铢钱，其文为"半两"。除盗铸钱令，使民放铸。

［注释］

① 稽：囤积。
② 痛：极，甚。
③ 衣丝乘车：穿丝绸衣物，乘豪华马车。
④ 市井：代指商贾。

［译文］

　　汉朝建立之初，认为秦朝的钱币太重，不方便流通，于是下令让百姓自行铸造荚钱。黄金的计量单位恢复了周制，以斤为单位。然而一些不守法纪、唯利是图的人积攒盈余的财物，囤积市场上的货物，导致物价急剧上涨，米价涨到每石一万钱，马匹达到了一匹一百金。天下平定后，汉高祖便下令禁止商人穿丝绸衣服、乘坐豪华车辆，并加重他们的赋税，以此来限制他们。汉惠帝和吕后时期，考虑到天下刚刚安定，又重新放宽了对商贾的限制，但商贾的后代仍然不能做官。汉文帝五年（前175年），因为市面上的钱币越来越多且越来越轻，所以改铸四铢钱，钱币上的文字仍是"半两"，同时取消了禁止私自铸钱的法令，允许百姓自由铸造钱币。

［原文］

　　贾谊谏曰："法使天下公得顾租①铸铜锡为钱，敢杂以铅铁为它巧者，其罪黥②。然铸钱之情，非殽③杂为巧，则不可得赢；而殽之甚微，为利甚厚。夫事有召祸而法有起奸，今令细民人操造币之势，各隐屏④而铸作，因欲禁其厚利微奸，虽黥罪日报，其势不止。乃者，民人抵罪，多者一县百数，及吏之所疑，榜笞⑤奔走者甚众。夫县法⑥以诱民，使入陷阱，孰积于此！曩⑦禁铸钱，死罪积下；今公铸钱，黥罪积下。为法若此，上何赖焉？

〔注释〕

① 顾租：花钱雇人。顾，通"雇"，酬。
② 黥：黥刑，"墨"刑的异称，在犯人脸上刺字并涂墨。
③ 殽（xiáo）：后作"淆"，混杂。
④ 隐屏：掩藏隐蔽。
⑤ 榜（péng）笞：用鞭子或板子打。
⑥ 县法：悬法，古代公布法令须悬于宫阙，所以叫"悬法"。
⑦ 曩（nǎng）：以往，从前。

〔译文〕

贾谊进谏说："法令允许天下百姓都可以公然雇用他人用铜锡铸造钱币，但凡有人胆敢掺杂铅、铁等其他金属进行作假的，就要处以黥刑。然而铸钱的实际情况是，如果不进行掺杂作假，就无法获利；而掺杂得越精妙，也就获利越丰厚。事情本身就容易招致祸患，而法律也可能导致人们作奸犯科。如今让普通百姓都能掌握铸币的权力，他们各自私下进行铸造，想要禁止他们获取暴利和巧妙作假，即使每天都判处一些人黥刑，也无法阻止这种趋势。近来，百姓因犯罪而被判刑的，一个县多的就有上百人，而那些被官吏怀疑，遭到鞭打后逃亡的人也很多。用公布的法令来诱导百姓犯罪，使他们落入陷阱，还有比这更严重的吗？先前禁止铸钱，因此被判死刑的案件堆积；现在允许公开铸钱，又导致被判黥刑的案件堆积。像这样制定法律（朝令夕改），统治者还靠什么来治理国家呢？

〔原文〕

"又，民用钱，郡县不同：或用轻钱，百加若干；或用重钱，平称不受。法钱①不立，吏急而壹②之虖③，则大为烦苛，而力不能胜；纵而弗呵④虖，则市肆异用，钱文大乱。苟非其术，何乡⑤而可哉！

〔注释〕

① 法钱：合于法定标准的铸币。
② 壹：统一。
③ 虖：通"乎"。
④ 纵而弗呵：谓放任而不管制。
⑤ 乡（xiàng）：通"向"。

〔译文〕

"再说，百姓使用钱币的情况，各个郡县都不一样：有的地方使用轻的钱币，一百枚还要额外多加一些；有的地方使用重的钱币，即使称重相等也不被接受。法定标准的钱币无法推行，官吏急于想要统一吧，那么政令会非常烦琐、苛细，而且能力也难以胜任；放任不管，不加呵责，那么市场上就会各自使用不同的钱币，导致货币流通秩序极其混乱。若没有合适的治理方法，又该如何是好呢？

〔原文〕

"今农事弃捐而采铜者日蕃①，释其耒耨②，冶熔炊炭；奸钱日多，五谷不为多；善人怵③而为奸邪，愿民④陷而之刑戮，刑戮将甚不详⑤，奈何而忽！国知患此，吏议必曰禁之。禁之不得其术，其伤必大。令禁铸钱，则钱必重。重则其利深，盗铸如云而起，弃市之罪又不足以禁矣！奸数不胜而法禁数溃，铜使之然也。故铜布于天下，其为祸博矣。

〔注释〕

① 蕃（fán）：众多。
② 耒（lěi）耨（nòu）：耕犁和锄头，泛指农具。
③ 怵（xù）：被诱惑而动心。
④ 愿民：朴实善良的人。
⑤ 详：公平。

〔译文〕

"如今，农业生产被荒废，而从事采铜的人却日益增多，他们放下农具，转而从事冶炼和烧炭；不正当的钱币日益增多，而粮食的产量却没有相应增加；善良的人也受到诱惑而去做奸邪之事，老实本分的百姓也沦陷而遭到刑罚或被处死，这样的刑罚将非常不公正，怎能视而不见呢！国家也知道这是个隐患，官员们议政时一定会说要禁止。如果禁止铸钱的方法不得当，造成的损害一定会很大。如果下令禁止铸钱，那么钱币的价值必然会上涨。钱币价值上涨就会让其中的利润非常可观，于是私自铸钱的人就会如云涌起，即使处以死刑示众也无法禁止了！作奸犯科的行为屡禁不止，而以法令禁止却屡屡失败，这都是铜（指铸钱牟利）造成的。所以，铜散布于天下，所造成的祸患非常之大。

[原文]

　　"今博祸可除，而七福可致也。何谓七福？上收铜勿令布，则民不铸钱，黥罪不积，一矣。伪钱不蕃，民不相疑，二矣。采铜铸作者反于耕田，三矣。铜毕归于上，上挟铜积①以御②轻重，钱轻则以术敛之，重则以术散之，货物必平，四矣。以作兵器，以假③贵臣，多少有制，用别贵贱，五矣。以临④万货，以调盈虚，以收奇羡⑤，则官富实而末民困，六矣。制吾弃财⑥，以与匈奴逐争其民，则敌必怀⑦，七矣。故善为天下者，因祸而为福，转败而为功。今久退七福而行博祸，臣诚伤之。"

[注释]

① 铜积：铜的积存储备。

② 御：治理，统治。

③ 假：给予。

④ 临：从高处往低处察看，引申为监视。

⑤ 奇羡：盈利。

⑥ 弃财：多余的钱财。

⑦ 怀：归向，亲附。

[译文]

　　"如今，大祸可以消除，而七种福祉便可以实现。什么是七种福祉呢？朝廷收回铜，不让其在民间流通，那么百姓就不会私自铸钱，黥刑的罪犯就不会增多，这是第一种福祉。假币不会泛滥，百姓之间就不会互相猜疑，这是第二种福祉。那些开采铜矿和铸造钱币的人会回归农业生产，这是第三种福祉。铜全部归于朝廷，朝廷凭借大量的铜储备来调控货币的轻重（价值），钱币贬值就设法回收，钱币升值就设法投放，这样物价必然能保持平稳，这是第四种福祉。用这些铜来制造兵器，也可以赏赐给有功的臣子，赏赐多少有规定，以此来区分等级，这是第五种福祉。用这些铜来监控市场物价，调节市场供求，并收取盈余利润，这样就能使官府充实富裕，而不会导致百姓生活困苦，这是第六种福祉。控制我们多余的财富，用来与匈奴争夺其百姓，那么敌人一定会归附，这是第七种福祉。所以，善于治理天下的人，能够借着祸患创造福祉，将失败转化为成功。如今长期摒弃七种福祉而任由大祸蔓延，我实在为此感到哀伤。"

[原文]

上不听。是时，吴以诸侯即山铸钱，富埒天子，后卒叛逆①。邓通，大夫也，以铸钱，财过王者。故吴、邓钱布天下。

[注释]

① 叛逆：意指以吴王刘濞为首发动的"吴楚七国之乱"。

[译文]

皇帝没有采纳他的建议。当时，吴国凭着诸侯的身份，开铜山私自铸钱，其财富可与皇帝匹敌，后来最终发动了叛乱。邓通，只是一个大夫，却因为铸钱，拥有的财富超过诸侯王。因此，吴国和邓通铸造的钱币流通于天下。

〔原文〕

　　武帝因文、景之畜，忿胡、粤①之害，即位数年，严助、朱买臣等招徕东瓯，事两粤，江、淮之间萧然烦费矣。唐蒙、司马相如始开西南夷，凿山通道千余里，以广巴、蜀，巴、蜀之民罢焉。彭吴穿秽貊、朝鲜，置沧海郡，则燕、齐之间靡然发动。及王恢谋马邑，匈奴绝和亲，侵扰北边，兵连而不解，天下共其劳。干戈日滋，行者赍，居者送，中外骚扰相奉，百姓抏敝以巧法，财赂衰耗而不澹。入物者补官，出货者除罪，选举陵夷，廉耻相冒，武力进用，法严令具。兴利之臣②自此而始。

〔注释〕

① 粤：同"越"，古族名，泛称百粤。
② 兴利之臣：追逐财利的大臣，指桑弘羊、东郭咸阳、孔仅等。

〔译文〕

　　汉武帝凭借文帝、景帝时期的积蓄，痛恨匈奴和两越的侵扰，即位几年后，就派严助、朱买臣等人去招抚东瓯，并用兵于两越，导致江淮一带骚动不安，耗费巨大。唐蒙、司马相如开始开辟通往西南少数民族地区的道路，开凿山路一千多里，以此来扩张巴郡和蜀郡的疆域，巴蜀的百姓因此非常疲惫。彭吴出兵征讨秽貊和朝鲜，设立了沧海郡，这使得燕地和齐地一带也相继动荡不安。等到王恢在马邑设下计谋，导致匈奴断绝了与汉朝的和亲关系，开始侵扰北方边境，战事连年不断，天下百姓都为此而受苦。战事日益增多，出征的人自带粮饷，留守的人则负责运送物资，朝廷内外相继骚乱，百姓困顿疲敝，不得不使用各种巧诈的办法来逃避赋税和徭役，国家的财力也因此日益衰耗而不足。向朝廷进献财物的人可以补官，出钱的人可以免除罪责，选拔人才的制度遭到破坏，人们不顾廉耻，凭借武力得以重用，法令变得严酷苛细。为国家谋求经济利益的大臣由此开始出现。

〔原文〕

其后，卫青岁以数万骑出击匈奴，遂取河南地，筑朔方。时又通西南夷道，作者数万人，千里负担馈饷，率十余钟致一石，散币于邛、僰以辑①之。数岁而道不通，蛮夷因以数攻，吏发兵诛之。悉巴、蜀租赋不足以更之，乃募豪民田南夷，入粟县官，而内受钱于都内。东置沧海郡，人徒之费疑于南夷。又兴十余万人筑卫朔方，转漕甚远，自山东咸被其劳，费数十百巨万，府库并虚。乃募民能入奴婢得以终身复，为郎增秩，及入羊为郎②，始于此。

〔注释〕

① 辑：使安定。
② 入羊为郎：暗指卜式捐家财为官之事。

〔译文〕

此后，卫青一年之内率领数万骑兵出击匈奴，便夺取了河套以南的地区，并修筑了朔方城。当时又开通西南夷的道路，征调了数万人，千里迢迢运送军粮，大概需要消耗十多钟的粮食才能运到一石，还在邛、僰等地散发钱财来安抚当地居民。几年后，道路仍然没有畅通，当地少数民族因此多次发动袭击，官吏便派兵前去征讨。耗尽了巴郡、蜀郡的赋税还不足以弥补这些开支，便招募富户到南夷地区耕种，让他们将粮食上交给地方官府，然后由都内支付给他们报酬。在东边设置沧海郡，征调人员的费用与在南夷地区的花费不相上下。又征调十多万人修筑并戍守朔方，通过水路运输粮草，路途非常遥远，崤山以东各地的百姓都因此深受劳累，花费高达数十甚至上百亿，导致国库更加空虚。于是招募百姓，凡是能够向朝廷提供奴婢的就可以终身免除赋税和徭役，如果原来是郎官则可以增加俸禄，至于献羊而换取官职的事情，就是从这个时候开始的。

【原文】

此后四年，卫青比岁①十余万众击胡，斩捕首虏之士受赐黄金二十余万斤，而汉军士马死者十余万，兵甲转漕之费不与焉。于是大司农陈臧钱经用、赋税既竭，不足以奉战士。有司请令民得买爵及赎禁锢②免减罪；请置赏官，名曰武功爵，级十七万，凡直三十余万金。诸买武功爵"官首"者试补吏，先除；"千夫"如五大夫；其有罪又减二等；爵得至"乐卿"，以显军功。军功多用超等，大者封侯、卿大夫，小者郎。吏道杂而多端，则官职耗废。

【注释】

① 比岁：连年。
② 禁锢：不得为吏之禁。

【译文】

此后四年（前124年），卫青连续几年率领十余万大军攻打匈奴，斩首和俘获敌军的士兵获得的赏赐就达黄金二十余万斤，而汉军士兵和战马的死伤也超过十万，这还不包括兵器铠甲以及运输粮草的费用。于是，掌管财政的大司农上奏说，国库中用于日常开支的钱财和赋税收入都已经耗尽，不足以供给士兵军饷。主管官员奏请允许百姓通过购买爵位以及缴纳赎金来免除不准商贾子弟做官的禁锢或减轻罪责；请求设置一种新的赏赐官职，名为武功爵，共设十七级，总价值超过三十万金。凡是购买了武功爵中"官首"这一级别的人，通过考核可补任官吏，优先任用；购买"千夫"这一级别的，待遇等同于五大夫；犯了罪的，还可以减免两等爵位；通过购买爵位最高可以达到"乐卿"这一级别。这样做是为了彰显军功。军功多的可破格提拔，功劳大的封侯和卿大夫，功劳小的则授予郎官的职位。做官的途径杂乱繁多，正常的官职制度遭到破坏。

【原文】

自公孙弘以《春秋》之义绳臣下取汉相，张汤以峻文决理为廷尉，于是见知之法生，而废格、沮诽穷治之狱用矣。其明年，淮南、衡山、江都王谋反迹见，而公卿寻端治之，竟其党与，坐而死者数万人，吏益惨急而法令察。当是时，招尊方正贤良文学之士，或至公卿大夫。公孙弘以宰相，布被，食不重味，为下先，然而无益于俗，稍务于功利矣。

【译文】

　　自从公孙弘通过《春秋》大义来约束臣下而取得宰相的职位，张汤运用严苛的法律条文进行审判，担任廷尉，就产生了"见知法"，而"废格""沮诽"等罪名，也成了彻查穷究的刑狱之法。在那之后的第二年（前122），淮南王、衡山王、江都王谋反的迹象显露出来，于是朝廷大臣们追查线索并审理此案，追究他们的同党，而因此被牵连处死者数万。由此，地方长官执法更加严酷，法令条文也更加严明苛细。在那个时候，朝廷正招纳并尊崇方正贤良文学之士，有些人因此官至公卿大夫。公孙弘身为宰相，却生活俭朴，盖着粗布被子，吃饭也很简单，成为天下人的表率。然而，这对社会风气并没有什么改善，人们渐渐热衷于追求功名利禄了。

【原文】

　　其明年，骠骑仍①再出击胡，大克获②。浑邪王率数万众来降，于是汉发车三万两③迎之。既至，受赏，赐及有功之士。是岁费凡百余巨万。

【注释】

① 仍：频繁。
② 克获：克敌制胜并有所掳获。
③ 两：同"辆"。

【译文】

　　第二年（前121年），骠骑将军频繁率兵出击匈奴，取得了大胜，并有所掳获。浑邪王率领数万部众前来归降，于是汉朝派遣三万辆战车前去迎接他们。他们到达后，接受了朝廷的奖赏，赏赐也分发给了有功的将士。这一年（朝廷）的花费总共超过了一百多亿。

〔原文〕

先是十余岁，河决①，灌梁、楚地，固已数困，而缘河之郡堤塞河，辄坏决，费不可胜计。其后番系欲省底柱之漕，穿汾、河渠以为溉田；郑当时为渭漕回远，凿漕直渠自长安至华阴；而朔方亦穿溉渠。作者各数万人，历二三期而功未就，费亦各以巨万十数。

〔注释〕

① 河决：这里指元光三年（前132年），黄河决于瓠子。

〔译文〕

在此十多年前，黄河决口，淹没了梁、楚一带的土地，百姓本就多次受困，而沿河各郡修筑堤坝堵塞决口，却总是很快再次溃决，花费的钱财多得无法计算。后来，番系为了省去通过砥柱山一带的水路运输，就开凿沟通汾水和黄河的水渠用来灌溉农田；郑当时因为渭河漕运河道迂回曲折、路途遥远，便开凿了一条从长安直达华阴的直渠；而朔方郡也开凿了用于灌溉的水渠。参与开渠的各有数万人，历时两三年都未能完成，花费也都各自达到数十亿。

【原文】

天子为伐胡故，盛养马，马之往来食长安者数万匹，卒掌者①关中不足，乃调旁近郡。而胡降者数万人皆得厚赏，衣食仰给县官，县官不给，天子乃损膳，解乘舆驷，出御府禁藏以澹之。

【注释】

① 卒掌者：掌管马匹之卒。

【译文】

皇帝为了攻打匈奴，大量饲养战马，在长安城喂养的马匹有数万，关中地区负责管理马匹的士卒不够用，就从邻近的郡征调。而前来投降的匈奴人数以万计，他们都得到了丰厚的赏赐，衣食都依赖官府供给，官府的财力不足以供应，皇帝就减少自己的膳食，解下自己车驾上的马匹，拿出宫中的库藏来供养他们。

【原文】

其明年，山东被水灾，民多饥乏，于是天子遣使虚郡国仓廪以振贫。犹不足，又募豪富人相假贷。尚不能相救，乃徙贫民于关以西，及充朔方以南新秦中，七十余万口，衣食皆仰给于县官。数岁贷与产业，使者分部护，冠盖相望，费以亿计，县官大空①。而富商贾或墆②财役贫，转毂百数，废居居邑，封君皆氐首仰给焉。冶铸煮盐，财或累万金，而不佐公家之急，黎民重困。

〔注释〕

① 大空：严重亏空。

② 滞：同"滞"。

〔译文〕

  之后第二年（前120年），崤山以东的地区遭受水灾，百姓大多饥饿贫困，于是皇帝派遣使者，拿出各地郡县粮草库中的全部粮食来救济贫苦的百姓。即使这样还是不够，又招募有钱的大户人家借贷给灾民。仍然无法完全救助灾民，于是将贫民迁移到函谷关以西的地区，以及朔方郡南部的新秦中，共计七十多万人，他们的衣食都依赖官府供给。这几年，朝廷借给他们田地房屋等产业，派遣的使者分片负责管理和保护他们，朝廷使者的车马来往不绝，其中的花费以亿来计算，朝廷财政严重亏空。而那些富商大贾中，有的就聚敛财富，役使贫苦百姓，他们拥有上百辆车子，在城市里闲置着许多房产，连有封地的贵族都不得不对他们低声下气，仰仗他们的供给。有的商人经营冶炼铸造和煮盐的生意，积累了数以万计的财富，却不帮助国家解决燃眉之急，导致老百姓更加困苦。

〔原文〕

  于是天子与公卿议，更造钱币以澹用，而摧浮淫并兼之徒。是时禁苑有白鹿而少府多银、锡。自孝文更造四铢钱，至是岁四十余年，从建元以来，用少，县官往往即多铜山而铸钱，民亦盗铸，不可胜数。钱益多而轻，物益少而贵。有司言曰："古者皮币，诸侯以聘享。金有三等，黄金为上，白金为中，赤金为下。今半两钱法重四铢，而奸或盗摩钱质而取鋊，钱益轻薄而物贵，则远方用币烦费不省。"乃以白鹿皮方尺，缘以缋，为皮币，直四十万。王侯、宗室朝觐、聘享，必以皮币荐璧，然后得行。

【译文】

　　于是皇帝和朝廷大臣们商议，重新铸造钱币来满足国家开支，并打击那些轻浮放荡、兼并土地的奸商。当时，皇家园林里饲养着白鹿，而少府则拥有很多银和锡。自从汉文帝改铸四铢钱以来，到这时已经过了四十多年，自从建元年间开始，市面上流通的钱币数量减少，朝廷经常就在盛产铜的山附近铸造钱币，民间也时常有人偷偷铸钱，数量多得数不清。钱币越来越多，却越来越不值钱，货物越来越少，价格反而越来越贵。主管官员上奏说："古代有皮币，是诸侯在进行聘享活动时使用的。金属分为三种等级，黄金是上等，白银是中等，红铜是下等。如今的半两钱的法定重量是四铢，但是一些不法之徒私自磨损钱币，从中刮取铜屑，导致钱币更加不值钱，物价更加昂贵，边远地区使用钱币也变得非常不方便。"于是，朝廷就用一尺见方的白鹿皮，在边缘用彩色的花纹装饰，制成皮币，每张价值四十万钱。王侯和皇室宗亲来朝见天子或者进行聘享等礼仪活动时，必须用皮币垫在玉璧下面进献，才能行礼。

【原文】

　　又造银锡白金。以为天用莫如龙，地用莫如马，人用莫如龟，故白金三品：其一曰重八两，圜之，其文龙，名"白撰[①]"，直三千；二曰以重差小，方之，其文马，直五百；三曰复小，椭之，其文龟，直三百。令县官销半两钱，更铸三铢钱，重如其文。盗铸诸金钱罪皆死，而吏民之犯者不可胜数。

〔注释〕

① 白撰：《史记·平准书》作"白选"。

〔译文〕

另外，用银和锡混合铸造白金。（人们）认为天界最重要的莫过于龙，地上最重要的莫过于马，人间最重要的莫过于龟，因此将白金分为三种等级：其中第一种重八两，圆形，上面铸刻着龙的图案，称为"白撰"，价值三千钱；第二种重量稍轻一些，方形，上面铸刻着马的图案，价值五百钱；第三种又小一些，椭圆形，上面铸刻着龟的图案，价值三百钱。下令由官府熔化半两钱，改铸三铢钱，钱币的重量如文字所示。私自铸造各种铜钱的都要判处死刑，但是官吏和百姓违反这项法令的，仍然多得数不清。

〔原文〕

于是以东郭咸阳、孔仅为大农丞，领盐铁事，而桑弘羊贵幸①。咸阳，齐之大煮盐；孔仅，南阳大冶，皆至产②累千金，故郑当时进言之。弘羊，洛阳贾人之子。以心计，年十三侍中。故三人言利事析秋毫矣。

〔注释〕

① 贵幸：尊贵且受宠幸，此处或可解释为因侥幸被皇帝宠幸。

② 至产：《史记·平准书》作"致生"。

〔译文〕

　　于是朝廷任命东郭咸阳、孔仅担任大农丞，主管盐铁事务，而桑弘羊因侥幸也被皇帝宠幸。东郭咸阳是齐地的大盐商，孔仅是南阳的大铁商，他们都通过经营积累了上千金的财富，因此郑当时向朝廷举荐了他们。弘羊是一个洛阳商人的儿子。他凭借心算的才能，十三岁就当上了侍中。所以这三人谈论财利之事能精细入微。

〔原文〕

　　法既益严，吏多废免。兵革数动，民多买复及五大夫、千夫①，征发之士益鲜。于是除千夫、五大夫为吏，不欲者出马；故吏皆適令伐棘上林，作昆明池。

〔注释〕

① 及五大夫、千夫：《史记·平准书》中无"千夫"。"千夫"是武功爵制第七级，而"五大夫"是二十等爵制第九级。《史记·平准书》中曾说"千夫如五大夫"。

〔译文〕

　　法令越来越严苛了，很多官吏因此被罢免。战争频发，百姓大多通过缴纳钱财免除徭役，甚至购买到五大夫、千夫的爵位，可以征调的兵丁越来越少。于是朝廷就任命拥有千夫、五大夫爵位的人做官，不愿意做官的就向官府交出马匹来代替。被罢免的那些官吏都被责令去上林苑伐木除草，或者去开凿昆明池。

123

〔原文〕

其明年,大将军、票骑大出击胡,赏赐五十万金,军马死者十余万匹,转漕、车甲之费不与焉。是时财匮,战士颇不得禄矣。

〔译文〕

第二年(前119年),大将军卫青和骠骑将军霍去病大规模出兵攻打匈奴,赏赐的金额高达五十万金,汉军战死的马匹超过十万,这还不包括运输粮草物资以及制造战车盔甲的费用。当时国家财力匮乏,士兵们经常拿不到应得的俸禄。

〔原文〕

有司言三铢钱轻,轻钱易作奸诈,乃更请郡国铸五铢钱,周郭其质①,令不可得摩取镕。

〔注释〕

① 周郭其质:《史记·平准书》作"周郭其下"。质,钱币无字的一面。

〔译文〕

主管官员上奏说三铢钱重量过轻,容易被人通过磨损钱币等方式牟利,于是奏请朝廷允许各郡国改铸五铢钱,并在钱币背面四周铸造凸起的外郭,以防止有人通过磨损钱币边缘来盗取铜屑。

【原文】

大农上盐铁丞孔仅、咸阳言："山海，天地之臧，宜属少府，陛下弗私，以属大农佐赋。愿募民自给费，因官器作煮盐，官与牢盆。浮食奇民欲擅斡①山海之货，以致富羡，役利细民。其沮事之议，不可胜听。敢私铸铁器、煮盐者，釱左趾，没入其器物。郡不出铁者，置小铁官，使属在所县。"使仅、咸阳乘传举行天下盐、铁，作官府，除故盐、铁家富者为吏。吏益多贾人矣。

【注释】

① 斡（guǎn）：通"管"，主管，掌管。

【译文】

大农呈报了盐铁丞孔仅、东郭咸阳的建议："山海中有天地间蕴藏的宝藏，都应该归少府（皇帝的私府），陛下不拿它作为私有，划归大农以补充税收。希望允许招募百姓自行承担费用，使用官府的器具煮盐，官府提供牢盆。那些不事耕作而食、不亲事生产之民想要独占山海的资源，以此获取财富，并役使小老百姓从中牟利。他们阻挠这项政策实施的言论，多得让人听都听不完。建议将胆敢私自铸造铁器、煮盐的人，处以钳左脚脚趾的刑罚，并没收其所有器具。不出产铁的郡设立小铁官，受当地的县管辖。"于是派遣孔仅、东郭咸阳乘坐驿车到各地推行官营盐铁政策，设立官府，并任命原先经营盐铁业的富户为官吏。做官的人中商人越来越多了。

〔原文〕

商贾以币之变，多积货逐利。于是公卿言："郡国颇被灾害，贫民无产业者，募徙广饶之地。陛下损膳省用，出禁钱以振元元，宽贷，而民不齐出南亩，商贾滋众。贫者畜积无有，皆仰县官。异时算轺车、贾人之缗钱皆有差，请算如故。诸贾人末作贳贷卖买，居邑贮积诸物，及商以取利者，虽无市籍，各以其物自占，率缗钱二千而算一。诸作有租及铸，率缗钱四千算一。非吏比者、三老、北边骑士，轺车一算；商贾人轺车二算。船五丈以上一算。匿不自占，占不悉，戍边一岁，没入缗钱。有能告者，以其半畀之。贾人有市籍，及家属，皆无得名田，以便农。敢犯令，没入田货①。"

〔注释〕

① 田货：田地与财货。

〔译文〕

商人们因为货币制度的变化，大多囤积货物来追逐利润。于是朝廷大臣们进言说："各地有不少郡国遭受灾害，贫困百姓没有产业的，应招募他们迁徙到土地广阔肥沃的地方。陛下省吃俭用，拿出宫廷的钱财来赈济平民，免征赋税，但百姓并没有全都去田地里耕作，经商的人反而越来越多。贫困的人没有任何积蓄，全都依赖朝廷的救济。之前，对商人的轺车和拥有的钱财都按不同等级征收赋税，请允许像过去一样征收。那些从事商业，进行借贷、买卖，在城邑中囤积货物，以及通过经商牟利的人，即使没有在官府登记，也要各自根据自己的货物和资产进行估算，大致按每两千缗钱征收一算的赋税。各种手工业有租税以及从事冶炼铸造业的人家，大致按每四千缗钱征收一算的赋税。除了与官吏相等的有爵位的人、掌教化的乡官和北部边境的骑兵，拥有的轺车按一算征收赋税；商人的轺车按两算征收赋税；船只长度在五丈以上的按一算征收赋税。隐瞒不进行自我估算，或者估算不全面的，要被罚到边境戍守一年，并没收其财产。有能够告发以上行为的，将没收财产的一半给予他作为奖励。在官府登记的商人，以及他们的家属，都不得登记占有土地，以利于农业生产。胆敢违反这项法令的，没收他们的田地和财货。"

〔原文〕

是时，豪富皆争匿财，唯卜式数求入财以助县官。天子乃超拜①式为中郎，赐爵左庶长，田十顷，布告天下，以风百姓。初，式不愿为官，上强拜之，稍迁至齐相。语自在其传。孔仅使天下铸作器，三年中至大司农，列于九卿。而桑弘羊为大司农中丞，管诸会计事，稍稍置均输以通货物。始令吏得入谷补官，郎至六百石。

〔注释〕

① 超拜：越级任命。

〔译文〕

当时，豪绅富户都争相隐匿财产，只有卜式多次请求捐献资财来帮助朝廷。皇帝就破格任命卜式为中郎，赐以左庶长的爵位，赏赐了十顷田，并宣告天下，来教化百姓。起初，卜式并不想做官，可皇帝强行任命他，渐渐地，他就升迁至齐国国相了。具体的事迹在卜式的传记中有记载。孔仅因为奉命到各地督造铁器，三年内被任命为大农令，位列九卿。而桑弘羊则担任了大农丞，负责管理各项财务工作，并逐步设立均输制度来流通货物。当时开始允许官吏通过向官府缴纳谷物来补任官职，其中补任郎官需要缴纳的谷物最多达到六百石。

[原文]

自造白金、五铢钱后五岁，而赦吏民之坐盗铸金钱死者数十万人。其不发觉相杀者，不可胜计。赦自出者百余万人。然不能半自出，天下大氐①无虑皆铸金钱矣。犯法者众，吏不能尽诛，于是遣博士褚大、徐偃等分行郡国，举并兼之徒守、相为利者。而御史大夫张汤方贵用事，减宣、杜周等为中丞，义纵、尹齐、王温舒等用急刻为九卿，直指夏兰之属始出。而大农颜异诛矣。初，异为济南亭长，以廉直稍迁至九卿。上与汤既造白鹿皮币，问异。异曰："今王侯朝贺以仓璧，直数千，而其皮荐反四十万，本末不相称。"天子不说。汤又与异有隙，及人有告异以它议，事下汤治。异与客语，客语初令下有不便者，异不应，微反唇。汤奏当异九卿见令不便，不入言而腹非②，论死。自是后有腹非之法比，而公卿大夫多谄谀取容。

〔注释〕

① 大氏：同"大抵"。
② 腹非：同"腹诽"。

〔译文〕

　　自从开始铸造白金和五铢钱后五年，朝廷赦免了因私铸钱币而被判处死刑的官吏和百姓，有数十万。其中没有被朝廷发觉而被地方官自行处死的人，数量多得无法计算。经自首并缴纳赎金而获得赦免的人，有一百多万。然而自首的人连一半都不到，天下百姓大概都肆无忌惮地私铸钱币了。犯罪的人太多，官府无法全部惩罚收治。于是朝廷派遣博士褚大、徐偃等人分头巡视各郡国，检举那些进行土地兼并以及相互勾结谋取私利的郡国、国相等。而当时御史大夫张汤正位高权重，减宣、杜周等人被任命为御史中丞，义纵、尹齐、王温舒等人因为执法严酷苛刻而被擢升为九卿，在这种情况下，像绣衣直指夏兰这样的人便开始出现了。而大农令颜异被处死了。起初，颜异只是济南郡的一个亭长，因为清廉正直，逐渐升迁至九卿。皇上与张汤在创制白鹿皮币后，曾询问颜异的看法。颜异回答："现在诸侯来朝拜进贡的苍璧，价值不过几千钱，而作为衬垫的鹿皮反而价值四十万，主次颠倒，很不相称。"皇上听后很不高兴。张汤又与颜异素有嫌隙，恰好有人以其他事告发颜异，于是这件事就交给张汤去审理。颜异曾与客人谈话，客人谈到新颁布的法令有些不妥之处，颜异没有回应，只是稍微撇了撇嘴。张汤上奏皇上，认为颜异身为九卿，看到法令有不妥的地方，不向朝廷进谏，却心怀不满，应当判处死刑。自此以后，就有了以"腹诽"定罪的先例，而公卿大臣大多都变得谄媚奉承，以求得皇帝的欢心了。

〔原文〕

天子既下缗钱令而尊卜式,百姓终莫分财佐县官,于是告缗钱纵[1]矣。

〔注释〕

[1] 纵:这里说的是放手让民告发偷漏资财税的人。

〔译文〕

皇帝颁布了缗钱令并尊卜式为天下人的楷模,但百姓最终还是不愿意分出财产来协助地方官府,因此朝廷鼓励民众告发商人隐匿财产的行为。

〔原文〕

郡国铸钱,民多奸铸,钱多轻,而公卿请令京师铸官赤仄[1],一当五,赋官用非赤仄不得行。白金稍贱,民弗宝用,县官以令禁之,无益,岁余终废不行。是岁,汤死而民不思。其后二岁,赤仄钱贱,民巧法用之,不便,又废。于是悉禁郡国毋铸钱,专令上林三官铸。钱既多,而令天下非三官钱不得行,诸郡国前所铸钱皆废销之,输入其铜三官。而民之铸钱益少,计其费不能相当,唯真工大奸乃盗为之。

〔注释〕

[1] 赤仄:赤侧,以赤铜为郭的钱币。

〔译文〕

各诸侯国和郡县铸造钱币,百姓大多私自铸造劣质钱币,导致市面上的钱币普遍分量不足，于是公卿们请求朝廷下令铸官铸造以赤铜为郭的钱币，一枚新币抵五枚旧币，并且规定缴纳赋税以及其他官方用途时，必须使用赤侧钱。白金（指白金三品等货币）的价值因此有所贬低，百姓不喜欢用它，地方官府颁布法令禁止这样的行为，但没有任何效果。一年多以后，白金最终被废止，不再流通使用。这一年（前115年），张汤去世，百姓们却对他没有任何怀念之意。之后两年，赤侧钱的价值下跌，百姓们不按一当五的规定来使用，流通不利，这种钱币又被废止了。于是，朝廷全面禁止各郡国私自铸造钱币，只允许上林三官负责铸造。市面上钱币的数量已经很多，朝廷便下令全国各地只能使用三官铸造的钱币，所有郡国之前铸造的钱币都被熔毁，并将熔毁所得的铜上交三官。百姓私铸钱币的情况变得越来越少，因为他们核算下来发现铸钱的成本与收益不成正比，只有技艺高超的大奸商才会私自铸造。

〔原文〕

　　杨可告缗遍天下，中家以上大氐皆遇告。杜周治之，狱少反者。乃分遣御史、廷尉正监分曹往，即治郡国缗钱，得民财物以亿计；奴婢以千万数；田，大县数百顷，小县百余顷；宅亦如之。于是商贾中家以上大氐破，民偷甘食好衣，不事畜臧之业，而县官以盐、铁、缗钱之故，用少饶①矣。益广关，置左右辅。

〔注释〕

① 少饶：稍微宽裕。

〔译文〕

　　杨可发起的告发隐匿财产的行动波及全国,中等收入以上的人家大多都被人告发。杜周负责审理这些案件,很少有能够翻案的人。于是朝廷派遣御史和廷尉正监等官员分头前往各地处理隐匿财产的案件,没收的百姓财产数以亿计,奴婢多达千万,田地大县有几百顷,小县也有一百多顷,房产也大致如此。因此,商贾中中等收入以上的人家大多因此破产,百姓只求能有美味的食物和漂亮的衣服,不再从事畜牧、囤积等生产经营活动,而朝廷因为有盐铁专卖和没收隐匿财产所得,财用稍微宽裕了。函谷关东迁三百多里,扩大了关中地域,并设置了三辅都尉的官职。

〔原文〕

　　初,大农斡盐铁官布多,置水衡,欲以主盐铁。及杨可告缗,上林财物众,乃令水衡主上林。上林既充满,益广。是时粤欲与汉用船战逐,乃大修昆明池,列馆①环之。治楼船,高十余丈,旗织加其上,甚壮。于是天子感之,乃作柏梁台,高数十丈。宫室之修,繇②此日丽。

〔注释〕

① 馆:华丽的房舍。
② 繇:通"由"。

〔译文〕

　　起初,大农令掌管的盐铁官分散,于是设立了水衡都尉这一官职，想让其主管盐铁事务。等到杨可告发隐瞒缗钱的事情发生后，上林苑聚集了大量财物，就命令水衡都尉主管上林苑。上林苑已经堆满财物，就进一步扩建。当时，越国想要与汉朝通过水战进行对抗，于是大规模地修建了昆明池，并在水池四周建造了一系列华丽的房舍。还建造了高大的楼船，高度超过十丈，船上竖着旗帜，非常壮观。皇上受到它的感染，又下令修建了柏梁台，高度达数十丈。宫殿的修建，也从此变得日益华丽。

【原文】

乃分缗钱诸官，而水衡、少府、太仆、大农各置农官，往往即郡县比没入田田之。其没入奴婢，分诸苑养狗、马、禽兽，及与诸官。官益杂置多，徒奴婢众，而下河漕度四百万石，及官自籴乃足。

【译文】

于是将没收的缗钱分配给各个官府，并且水衡、少府、太仆、大农等各自设立了管理农业的官员，他们往往就近在各郡县管理和耕种那些没收来的田地。其中没收的奴婢，一部分分配到各个皇家园林去饲养狗马禽兽，另一部分则分给各个官府。各个官府设置的各种职官越来越多，服劳役的奴婢也越来越多，故而每年从黄河下游通过水路运送的粮食达到四百万石，还要加上官府自行购买的粮食才能满足需求。

〔原文〕

所忠言:"世家子弟富人或斗鸡走狗马,弋猎博戏,乱齐民。"乃征诸犯令,相引数千人,名曰"株送徒"。入财者得补郎,郎选衰矣。

〔译文〕

所忠进言说:"那些豪门子弟和富人,有的斗鸡、赛狗、赛马,有的射猎、赌博、玩乐,扰乱了齐国百姓的生活。"于是朝廷便惩罚那些违反法令的人,相互牵连数千人,这些人被称为"株送徒"。那些交纳钱财的人得以补任郎官,郎官的选拔制度被败坏了。

〔原文〕

是时山东被河灾,乃岁不登数年,人或相食,方二三千里①。天子怜之,令饥民得流就食江、淮间,欲留,留处。使者冠盖相属于道,护之,下巴、蜀粟以赈焉。

〔注释〕

① 二三千里:《史记·平准书》作"一二千里"。

〔译文〕

当时,崤山以东地区遭受黄河水患,加上连续几年歉收,以至于出现人吃人的惨状,波及范围达到方圆二三千里。皇帝对此深感怜悯,下令让受饥的百姓迁徙到江淮一带谋生,如果愿意留下,可以在那里安家落户。派遣官员前往灾区,救助、管理这些百姓,并从巴蜀地区调运粮食来赈济他们。

〔原文〕

明年，天子始出巡郡国。东度河，河东守不意行至，不辩①，自杀。行西逾陇，卒，从官不得食，陇西守自杀。于是上北出萧关，从数万骑行猎新秦中，以勒边兵而归。新秦中或千里无亭徼，于是诛北地太守以下，而令民得畜边县，官假马母，三岁而归，及息什一，以除告缗，用充入②新秦中。

〔注释〕

① 辩：办理。
② 充入：充实。

〔译文〕

第二年（前113年），皇帝开始巡视各郡县。向东渡过黄河时，河东太守没有料到皇帝会突然驾临，由于没有做好接待的准备，畏罪自杀。向西越过陇山，陇西太守因为来去仓促，导致皇帝的随行官员没有饭吃，于是陇西太守也自杀了。于是皇帝便向北出萧关，带领数万骑兵，在新秦中进行狩猎，检阅边防部队后返回京城。发现新秦中有些地方方圆千里都没有亭障和守卫关塞的士兵，便处死了北地郡太守以下的官员，并下令允许百姓到边境各县放牧，由官府借给母马，三年后归还，凡借母马十匹，归还时应交给官府一匹小马驹作为十分之一的利息，以此来废除告缗令，并用这种方法来充实新秦中地区。

〔原文〕

既得宝鼎，立后土、泰一①祠，公卿白议②封禅事，而郡国皆豫治道，修缮故宫，及当驰道县，县治宫储③，设共具，而望幸。

【注释】

① 泰一：《史记·平准书》作"太一"。
② 白议：公开商议。
③ 宫储：行宫陈设。

【译文】

得到宝鼎之后，便设立了祭祀后土和泰一神的祠庙，朝廷大臣们公开商议举行封禅大典的事。而各郡县都预先修整道路和桥梁，修缮原有的官殿。那些位于驰道沿线的县，则整理行宫陈设，储备物资，准备各种供设酒食的器具，以期盼皇帝驾临。

【原文】

明年，南粤反，西羌侵边。天子为山东不澹，赦天下囚，因南方楼船士二十余万人击粤，发三河以西骑击羌，又数万人度河筑令居。初置张掖、酒泉郡，而上郡、朔方、西河、河西开田官，斥塞卒六十万人戍田之。中国缮道馈粮，远者三千，近者千余里，皆仰给大农。边兵不足，乃发武库、工官兵器以澹之。车骑马乏，县官钱少，买马难得，乃著令，令封君以下至三百石吏以上差出牝马天下亭，亭有畜字①马，岁课息。

【注释】

① 字：怀孕，引申为雌性。

【译文】

　　第二年（前112年），南越发动叛乱，西羌也入侵边境。于是，皇帝因为崤山以东地区收成不好，便大赦天下罪犯，随即调集南方水军二十余万人攻打南越，又从三河以西征调骑兵讨伐西羌，还派遣数万人渡过黄河修筑令居城。当时新设立了张掖、酒泉两个郡，并且在上郡、朔方、西河、河西等地设立了管理农业生产的田官，开拓边塞的六十万戍边士兵在这里进行屯田。中原地区则修缮道路并运送粮草，路途遥远的达到三千里，近的也有一千多里，这些军需物资都依赖大司农供给。边军的武器装备不足，便从武库和工官那里调拨兵器来补充。战马匮乏，地方官府又缺少资金，难以购得马匹，于是朝廷颁布法令，命令从拥有封地的贵族到俸禄在三百石以上的官员，按照等级的高低贡献一定数量的母马，分放到全国各地的亭，每个亭都饲养母马，每年考核其繁殖情况，上交一定数量的马作为利息。

【原文】

　　齐相卜式上书，愿父子死南粤。天子下诏褒扬，赐爵关内侯，黄金四十斤①，田十顷。布告天下，天下莫应。列侯以百数，皆莫求从军。至饮酎，少府省金，而列侯坐酎金失侯者百余人。乃拜卜式为御史大夫。式既在位，见郡国多不便县官作盐铁，器苦恶，贾贵，或强令民买之。而船有算，商者少，物贵，乃因孔仅言船算事。上不说。

〔注释〕

① 四十斤：《史记·平准书》作"六十斤"。

〔译文〕

　　齐国国相卜式上书说，他们父子二人愿意前往南越战场效死。皇帝下诏褒扬他，赐予他关内侯的爵位，黄金四十斤，良田十顷。（皇帝将此事）昭告天下，但天下无人响应。数百名列侯，竟然没有一人主动请求从军。到了朝廷举行酎祭之时，少府官员检查各列侯进献的酎金，结果有一百多名列侯因为所献酎金成色或分量不足而被剥夺了爵位。（皇帝）便任命卜式为御史大夫。卜式任职之后，发现许多地方都对官府经营盐铁感到不满，认为器具非常粗劣，价格昂贵，甚至有强迫百姓买卖的情况。而且对船只征收算赋，导致商人减少，货物价格上涨，于是（卜式）就通过孔仅向朝廷反映船只算赋的问题。皇帝因此对卜式产生了不满。

〔原文〕

　　汉连出兵三岁，诛羌，灭两粤①，番禺以西至蜀南者置初郡十七，且以其故俗治，无赋税。南阳、汉中以往，各以地比给初郡吏卒奉食币物，传车马被具。而初郡又时时小反，杀吏，汉发南方吏卒往诛之，间岁万余人，费皆仰大农。大农以均输调盐铁助赋，故能赡之。然兵所过县，县以为訾给毋乏而已，不敢言轻赋法矣。

〔注释〕

① 两粤：南越与东越。《史记·平准书》作"南越"。

[译文]

汉朝连续用兵三年，讨伐羌人，消灭南越和东越，在从番禺以西到蜀郡南部的区域设立了十七个新郡，并且按照当地原有的习俗进行管理，免征赋税。从南阳、汉中等原有的郡南向的各郡，各自根据与新郡邻近的程度供给新郡官吏士兵的俸禄、食物和财物，以及驿站车马和各种用具。然而这些新设立的郡经常发生小规模的反叛，甚至有杀害官吏的情况，汉朝便调派南方的官兵前去镇压，每年有一万多人，这些费用都依赖大农供给。大农依靠均输法调运各地盐铁的收入来补充赋税的不足，才能够维持这些开支。然而军队所经过的县，只是按照资财供给他们所需，保证不缺乏物资而已，不敢再提擅自变动赋税的事了。

[原文]

其明年，元封元年，卜式贬为太子太傅。而桑弘羊为治粟都尉，领大农，尽代仅斡天下盐铁。弘羊以诸官各自市相争，物以故腾跃，而天下赋输或不偿其僦费，乃请置大农部丞数十人，分部主郡国，各往往置均输、盐、铁官，令远方各以其物如异时①商贾所转贩者为赋，而相灌输。置平准于京师，都受天下委输。召工官治车诸器，皆仰给大农。大农诸官尽笼天下之货物，贵则卖之，贱则买之。如此，富商大贾亡②所牟大利则反本，而万物不得腾跃。故抑天下之物，名曰"平准"。天子以为然而许之。于是天子北至朔方，东封③泰山，巡海上，旁④北边以归。所过赏赐，用帛百余万匹，钱、金以巨万计，皆取足大农。

〖注释〗

① 异时：从前。
② 亡（wú）：古同"无"。
③ 封：封禅，古代帝王祭天地的大典。
④ 旁（bàng）：古同"傍"，沿着。

〖译文〗

　　第二年，也就是元封元年（前110年），卜式被降职，改任太子太傅。而桑弘羊担任治粟都尉，兼领大农令，完全取代孔仅管理全国的盐铁事务。桑弘羊认为各级官员各自进行贸易，互相竞争，导致物价波动剧烈，而且各地向中央输送的赋税甚至不够支付运输费用，于是请求设置大农部丞数十人，分片管理各郡国的事务，各部又常常在重要的县设置均输和盐铁的管理官员，让边远地区各自以他们跟以前商人所贩卖的物价作为征收赋税的标准，并在各地之间进行物资的调运。在京师设立平准机构，统一接收各地上缴的货物。征召工官制造车辆等各种器物，所需费用都由大农供给。大农下属的各级机构全面控制了天下的货物，价格高就卖出，价格低就买入。这样一来，大商人无法从中获取暴利，就会回归农本，各种商品的价格也就不会出现大幅波动。因此，这种抑制天下物价的政策，被称为"平准"。皇帝认为他说得有道理，就同意了他的请求。于是皇帝向北到达朔方，向东封禅泰山，巡视了沿海地区，并沿着北部边境返回。所到之处均进行赏赐，用去的丝织品有一百多万匹，钱币和黄金数以亿计，都由大农足额提供。

〔原文〕

弘羊又请令民得入粟补吏，及罪以赎。令民入粟甘泉各有差，以复终身，不复告缗。它郡各输急处。而诸农各致粟，山东漕益岁六百万石。一岁之中，太仓、甘泉仓满。边余谷，诸均输帛五百万匹。民不益赋而天下用饶。于是弘羊赐爵左庶长，黄金者再百焉。

〔译文〕

桑弘羊又奏请允许百姓通过捐献粮食来获得官职，以及让犯人通过缴纳粮食来赎罪。下令百姓凡是能够向甘泉官（的粮仓）缴纳粮食的，根据缴纳数量的不同给予不同的待遇，可免除他们终身的赋税和徭役，并且不在告缗的范围之内。其他郡各自将粮食运送到急需的地方，而农业部门也各自运送粮食，从崤山以东地区通过水路运输的粮食每年增加到六百万石。一年之内，太仓和甘泉官的粮仓都装满了。边境剩余的粮食及其他各种物资，通过均输制度调运了五百万匹丝织品。百姓没有增加赋税，而国家的财用却变得充裕。于是，朝廷赐予桑弘羊左庶长的爵位，并赏赐给他黄金两百斤。

〔原文〕

是岁小旱，上令百官求雨。卜式言曰："县官当食租衣税而已，今弘羊令吏坐市列，贩物求利。亨弘羊，天乃雨。"久之，武帝疾病，拜弘羊为御史大夫。

【译文】

　　这一年发生了不太严重的旱灾，皇上下令官员们求雨，卜式进言道："朝廷官员应该仅仅依靠收取租税来维持生活，如今桑弘羊却让官吏在市场上开设店铺，做买卖来谋取私利。烹杀桑弘羊，天就会下雨。"没过多久，武帝患病，任命桑弘羊为御史大夫。

【原文】

　　昭帝即位六年①，诏郡国举贤良文学之士，问以民所疾苦，教化之要。皆对愿罢盐、铁、酒榷②均输官，毋与天下争利，视以俭节，然后教化可兴。弘羊难③，以为此国家大业，所以制四夷，安边足用之本，不可废也。乃与丞相千秋④共奏罢酒酤⑤。弘羊自以为国兴大利，伐其功，欲为子弟得官，怨望大将军霍光，遂与上官桀⑥等谋反，诛灭。

【注释】

① 昭帝即位六年：始元六年（前81年）。
② 酒榷（què）：酒类专卖制度。
③ 难：驳诘。
④ 千秋（？—前77）：田千秋，西汉长陵（今陕西咸阳东北）人。武帝时任高寝郎，因上书为卫太子鸣冤受赏识，擢升为大鸿胪，后于征和四年（前89年）升任丞相，封富民侯。他曾建议武帝推行仁政，缓和因太子案造成的社会动荡。武帝临终，命其与霍光等辅佐幼主。昭帝时，因霍光专权，他谨慎自守，又因年老获准乘车入宫，故称"车丞相"，后卒于任上。

⑤ 酒酤（gū）：亦作"酒沽"，酒的买卖。
⑥ 上官桀（？—前80）：字少叔，西汉陇西上邽（今甘肃天水）人。早年因能力出众受武帝赏识，任羽林期门郎、未央厩令、侍中、太仆等职。武帝临终前，被封为左将军、安阳侯，并受遗诏与霍光等共同辅佐幼主昭帝。昭帝即位后，其孙女（子上官安之女）被立为皇后，其子亦升任骠骑将军，封桑乐侯。后因与霍光争权，上官桀父子联合燕王刘旦及盖长公主等企图废黜昭帝并诛杀霍光。元凤元年（前80年），事败被族诛。

【译文】

汉昭帝登基后的第六年（前81年），下诏给各郡国，让他们推举贤良、文学之士，并向他们询问百姓的疾苦以及推行教化要点。这些被举荐的人都回答，希望朝廷废除盐铁官营、酒类专卖政策和均输官，不要与民争利，用节俭来昭示天下，这样教化事业才能兴盛。桑弘羊反驳他们，认为这些是国家重要的事业，是用来制约四方外族、安定边疆、满足国家财政需求的根本，不能废除。于是他和丞相田千秋一同上奏请求制止酒的买卖。桑弘羊自认为替国家创造了巨大的利益，居功自傲，想要为自己的子弟谋取官职，并因此对大将军霍光心怀不满，就和上官桀等人阴谋叛乱，最终被诛杀。

【原文】

宣、元、成、哀、平五世，无所变改。元帝时尝罢盐、铁官，三年而复之。贡禹①言："铸钱采铜，一岁十万人不耕，民坐盗铸陷刑者多。富人臧钱满室，犹无厌足②。民心动摇，弃本逐末，耕者不能半，奸邪不可禁，原起于钱。疾其末者绝其本，宜罢采珠、玉、金、银铸钱之官，毋复以为币，除其贩卖租铢之律，租税、禄、赐皆以布、帛及谷，使百姓壹意农桑。"议者以为交易待钱，布、帛不可尺寸分裂。禹议亦寝③。

【注释】

① 贡禹（前124—前44）：字少翁，西汉琅邪（今山东诸城一带）人，官至御史大夫。初任博士，后为汉元帝时谏大夫。他针对当时朝政腐败、百姓贫困的局面，多次上书抨击奢侈之风，倡议选贤任能、罢黜奸佞、废除倡乐、提倡节俭、减轻赋税。
② 厌足：满足。
③ 寝：停止，这里指未被采纳。

【译文】

　　汉宣帝、汉元帝、汉成帝、汉哀帝到汉平帝这五代，情况没有什么改变。汉元帝在位时曾经免除盐、铁官，但三年后又恢复了。贡禹进言道："为了铸造钱币而开采铜矿，每年有十万百姓因此没有时间耕种，许多百姓因为私自铸钱而触犯刑法。富人把钱财堆满了屋子，仍然不满足。百姓人心浮动，抛弃农业而经营商业，从事耕种的人不足一半，各种奸邪之事也无法禁止，这些问题的根源都在于钱币。要想制止这些末节问题，就必须从根本上解决，应该免除负责开采珍珠、玉石、金银和铸造钱币的官吏，不再用这些作为货币，废除有关买卖和以钱折算实物赋税的法令，赋税、俸禄和赏赐都用布匹、丝帛以及谷物来支付，使百姓能够一心一意致力于农桑。"持反对意见的人认为商品交易离不开钱币，而布匹和丝帛无法像钱币那样分割成小份进行交易。贡禹的意见也就没有被朝廷采纳。

【原文】

自孝武元狩五年三官初铸①五铢钱，至平帝元始中，成钱二百八十亿万余云。

【注释】

① 三官初铸：实则在汉武帝元鼎四年（前113年）。

【译文】

从汉武帝元狩五年三官开始铸造五铢钱，到汉平帝元始年间，总共铸成的钱币有二百八十亿万枚以上。

【原文】

王莽居摄①，变汉制，以周钱有子母相权，于是更造大钱，径寸二分，重十二铢，文曰"大钱五十②"。又造契刀、错刀。契刀，其环如大钱，身形如刀，长二寸，文曰"契刀五百"。错刀，以黄金错其文，曰"一刀直五千"。与五铢钱凡四品，并行。

【注释】

① 居摄：皇帝年幼，无法亲政，由大臣代居其位主持政务，谓"居摄"。
② 大钱五十：此类钱币一枚可抵五十枚五铢钱，后文"契刀五百"

"一刀直五千"均与此类似。一说"大钱"当作"大泉"。

〖译文〗

王莽摄政时,改变了汉制,他认为周朝的钱币有轻重并行、维持平衡的特点,于是重新铸造了一种大钱,直径一寸二分、重十二铢,钱币上的文字是"大钱五十"。另外,还铸造了契刀和错刀两种货币。契刀的圆形外郭与大钱相似,刀身呈刀形,长二寸,上面的文字是"契刀五百"。错刀用黄金镶嵌它的纹理,上面的文字是"一刀直五千"。连同原有的五铢钱共有四种货币,一并流通。

〖原文〗

莽即真①,以为书"刘"字有"金""刀",乃罢错刀、契刀及五铢钱,而更作金、银、龟、贝、钱、布之品,名曰"宝货"。

〖注释〗

① 即真:由摄政正式即皇帝位。

〖译文〗

王莽由摄政正式登基称帝后,认为"刘(劉)"字拆开包含"金"和"刀"字,就废除了之前的错刀、契刀以及五铢钱,转而改用黄金、白银、龟甲、贝壳、钱币、布帛等作为货币,统称为"宝货"。

〔原文〕

　　小钱径六分，重一铢，文曰"小钱①直一"。次七分，三铢，曰"幺钱一十"。次八分，五铢，曰"幼钱二十"。次九分，七铢曰"中钱三十"。次一寸，九铢，曰"壮钱四十"。因前"大钱五十"，是为钱货六品②，直各如其文。

〔注释〕

① 小钱：出土实物可证当作"小泉"。据此，下文"幺钱""幼钱""中钱""壮钱""大钱"等的"钱"字，当均为"泉"。因尊重原文，译文中不做更改。
② 钱货六品：指"小泉直一""幺泉一十""幼泉二十""中泉三十""壮泉四十""大泉五十"六种钱币。

〔译文〕

　　小钱的直径为六分，重一铢，上面的文字是"小钱直一"。另一种钱币的直径为七分，重三铢，上面的文字是"幺钱一十"。另一种钱币的直径为八分，重五铢，上面的文字是"幼钱二十"。另一种钱币的直径为九分，重七铢，上面的文字是"中钱三十"。还有一种钱币直径一寸，重九铢，上面的文字是"壮钱四十"。连同之前的"大钱五十"，这就构成了钱货六品，每种货币的币值都与其上面的文字相符。

〔原文〕

　　黄金重一斤，直钱万。朱提①银重八两为一流②，直一千五百八十。它银一流直千。是为银货二品。

〔注释〕

① 朱提：古地名，曾为县、郡、州治所。西汉时设朱提县，治所在今云南昭通市一带。境内朱提山以盛产优质白银闻名，后世遂以"朱提"代指高品质的白银。
② 流：王莽时所定的银两单位，如文中所言八两为一流。

〔译文〕

一斤重的黄金，价值一万钱。朱提银，八两重定为一流，价值一千五百八十钱。其他的白银，每一流价值一千钱。这就是"银货二品"。

〔原文〕

元龟岠冉①长尺二寸，直二千一百六十，为大贝十朋②。公龟九寸，直五百，为壮贝十朋。侯龟七寸以上，直三百，为幺贝十朋。子龟五寸以上，直百，为小贝十朋。是为龟宝四品。

〔注释〕

① 岠冉：龟壳边缘之间的距离。岠，同"距"，相距。冉，龟壳的边缘。
② 朋：古代的货币单位，一说二贝为一朋，又说五贝为一串，两串为一朋。

〔译文〕

龟甲边缘间距长一尺二寸，价值二千一百六十钱，等同于十朋大贝。公龟长九寸，价值五百钱，等同于十朋壮贝。侯龟长七寸以上，价值三百钱，等同于十朋幺贝。子龟长五寸以上，价值一百钱，等同于十朋小贝。这就是"龟宝四品"。

[原文]

大贝四寸八分以上，二枚为一朋，直二百一十六。壮贝三寸六分以上，二枚为一朋，直五十。幺贝二寸四分以上，二枚为一朋，直三十。小贝寸二分以上，二枚为一朋，直十。不盈寸二分，漏度①不得为朋，率枚直钱三。是为贝货五品。

[注释]

① 漏度：不符合长度标准。

[译文]

大贝直径在四寸八分以上，两枚合为一朋，价值二百一十六钱。壮贝直径在三寸六分以上，两枚合为一朋，价值五十钱。幺贝直径在二寸四分以上，两枚合为一朋，价值三十钱。小贝直径在一寸二分以上，两枚合为一朋，价值十钱。直径不足一寸二分，不符合长度标准，就不能按"朋"来计算，大概每枚价值三钱。这就是"贝货五品"。

[原文]

大布、次布、弟布、壮布、中布、差布、厚布①、幼布、幺布、小布。小布长寸五分，重十五铢，文曰"小布一百"。自小布以上，各相长一分，相重一铢，文各为其布名，直各加一百。上至大布，长二寸四分，重一两，而直千钱矣。是为布货十品②。

〔注释〕

① 厚布：一说"序布"。
② 布货十品：名称分别为"大布黄千""次布九百""弟布八百""壮布七百""中布六百""差布五百""厚布四百""幼布三百""幺布二百""小布一百"。

〔译文〕

大布、次布、弟布、壮布、中布、差布、厚布、幼布、幺布、小布。小布的长度为一寸五分，重量为十五铢，上面的文字是"小布一百"。从小布往上，每种布币的长度依次增加一分，重量依次增加一铢，文字各为其布币的名称，价值也依次增加一百钱。向上推至大布，其长度为二寸四分，重量为一两，而价值则为一千钱。这就是"布货十品"。

〔原文〕

凡宝货五物①，六名②，二十八品③。

〔注释〕

① 五物：金、银、铜、龟、贝五种材质。
② 六名：金货、银货、龟货、贝货、泉货、布货。
③ 二十八品：金货一品、银货二品、龟宝四品、贝货五品、泉货六品、布货十品，共二十八品。

〔译文〕

所有的宝货共有五种材质，分为六种名目，细化为二十八个品类。

〔原文〕

铸作钱布皆用铜，淆以连①锡，文质周郭放②汉五铢钱云。其金、银与它物杂，色不纯好，龟不盈五寸，贝不盈六分，皆不得为宝货。元龟为蔡③，非四民所得居，有者，入大卜④受直。

〔注释〕

① 连：通"链"，铅。
② 放：通"仿"。
③ 蔡：占卜用的大龟之名。
④ 大卜：太卜，官名。

〔译文〕

铸造钱币都使用铜，掺杂铅和锡，纹饰、外形、外周凸起的边缘都仿效汉代的五铢钱。其中，金和银与其他东西相杂，成色不纯正，龟甲如果不足五寸，贝壳如果不足六分，都不能作为宝货。大龟被称为"蔡"，不是普通百姓可以拥有的，拥有大龟的人，需要将其上交给太卜，并获得相应的报酬。

〔原文〕

百姓愦乱①，其货不行。民私以五铢钱市买。莽患之，下诏："敢非井田、挟五铢钱者为惑众，投诸四裔②以御魑魅③。"于是农、商失业，食、货俱废，民涕泣于市道。坐卖买田、宅、奴婢、铸钱抵罪者，自公卿大夫至庶人，不可称数。莽知民愁，乃但行小钱直一，与大钱五十，二品并行，龟、贝、布属且寝。

【注释】

① 愦乱：混乱。

② 裔：边远之地。

③ 魑魅：古代传说里的山林精怪。

【译文】

百姓（对这样的货币政策）感到混乱，所推行的货币无法流通。民间私下仍然使用五铢钱进行交易。王莽对此感到忧虑，于是下达诏令："凡是敢于非议井田制、私藏五铢钱的人，都视为蛊惑民众，将其流放到边远地区，去抵御山林精怪。"于是农民和商人纷纷荒废本业，粮食和货物都无法正常流通，百姓在街市上哭泣哀号。因买卖田地、房宅、奴婢以及私自铸钱等罪名获罪而受到惩罚的人，从朝廷的公卿大夫到普通百姓，多到无法计数。王莽知道百姓怨恨，于是只推行面值一钱的小钱和面值五十钱的大钱，这两种货币同时流通，龟、贝和布等则暂时停用。

【原文】

莽性躁扰，不能无为①，每有所兴造，必欲依古得②经文。国师公刘歆③言周有泉府之官，收不雠④，与欲得，即《易》所谓"理财正辞，禁民为非"者也。莽乃下诏曰："夫《周礼》有赊、贷，《乐语》有五均，传记各有干焉。今开赊贷，张五均，设诸干者，所以齐众庶，抑并兼也。"遂于长安及五都⑤立五均官，更名长安东、西市令及洛阳、邯郸、临菑、宛、成都市长皆为五均司市师。东市称京，西市称畿，洛阳称中，余四都各用东、西、南、北为称,皆置交易丞五人,钱府丞一人,工商能采金、银、铜、连锡,登⑥龟、取贝者,皆自占⑦司市钱府,顺时气而取之。

【注释】

① 无为:顺其自然,不妄为。
② 得:契合。
③ 刘歆(?—23):西汉末古文经学派的开创者,字子骏,后改名刘秀,字颖叔,沛(郡治今安徽濉溪西北)人。刘向之子。曾任黄门郎、中垒校尉。继承父业,总校群书。王莽执政,立古文经博士,歆任"国师"。后谋诛王莽,事泄自杀。
④ 雠(chóu):售。
⑤ 五都:洛阳、邯郸、临淄、宛、成都。
⑥ 登:得。
⑦ 自占:自行估计上报。

【译文】

　　王莽生性急躁浮动,不能做到清静无为,每次有所兴办和创造,必定要依古,契合经籍中的文辞。国师刘歆说周朝设有管理财政的泉府官,负责收购滞销货物,以满足百姓的需求,这正是《周易》中所说的"合理管理财富,端正言辞,禁止百姓做不合法的事情"。于是王莽颁布诏令说:"《周礼》中有关于赊欠和借贷的记载,《乐语》中有关于五均的论述,其他典籍中也各有关于均输的斡官的记载。现在推行赊贷制度,设置五均机构,设立各种斡官,目的在于统一规范百姓,抑制兼并。" 于是王莽在长安以及五大都市设立五均官,并将长安东、西市的市令以及洛阳、邯郸、临淄、宛、成都的主要地方官都改称五均司市师。东市称为"京",西市称为"畿",洛

153

阳称为"中"，其余四个都市则分别以东、西、南、北来命名，每个城市都设置交易丞五人、钱府丞一人。工匠和商人凡是能够开采金、银、铜、铅和锡，以及采得龟甲和贝壳的，都要自行向司市钱府申报，并根据时令进行开采和采集。

〔原文〕

又以《周官》①税民：凡田不耕为不殖，出三夫之税；城郭中宅不树艺②者为不毛，出三夫之布；民浮游无事，出夫布一匹。其不能出布者，冗作，县官衣食之。诸取众物、鸟、兽、鱼、鳖、百虫于山林、水泽及畜牧者，嫔妇③桑蚕、织纴、纺绩、补缝，工匠、医、巫、卜、祝及它方技、商贩、贾人，坐肆列里区谒舍④，皆各自占所为于其在所之县官，除其本，计其利，十一分之，而以其一为贡。敢不自占、自占不以实者，尽没入所采取，而作县官一岁。

〔注释〕

① 《周官》：《周礼》。
② 树艺：种植。
③ 嫔妇：古时对妇女的通称。
④ 谒舍：客舍，旅店。

〔译文〕

此外，又依据《周礼》来向百姓征税：凡是田地不耕种的，都视为荒废，要缴纳三个成年男子的赋税。城市里的住宅周围不种植树木或农作物的，都视为荒芜，要缴纳相当于三个成年男子劳力所值的布匹。百姓游手好闲、不务正业的，要缴纳成年男子一匹布的赋税。那些交不起布匹的人，则做杂工，由官府负责提供衣食。凡是在山林、水泽中获取各种物产，包括禽鸟、野兽、鱼鳖、各种昆虫以及从事畜牧业的人，从事养蚕、缫丝、织布、纺线、缝补等工作的妇女，工匠、医生、巫师、卜筮、祭祀人员，以及其他掌握专门技艺的人，商贩、商人，在店铺、街市、旅店等地经营的人，都要各自向所在地的官府申报自己的经营项目，扣除成本后，计算利润，按十分之一的比例纳税，再从税收中提取十分之一作为进贡。胆敢不进行申报，或者申报不实的人，将被全部没收其所得的物品，并为政府劳作一年。

[原文]

诸司市常以四时中月①实定所掌，为物上、中、下之贾②，各自用为其市平③，毋拘它所。众民卖买五谷、布帛、丝绵之物，周于民用而不雠者，均官有以考检厥④实，用其本贾取之，毋令折钱。万物印⑤贵，过平一钱，则以平贾卖与民。其贾氏贱，减平者，听民自相与市，以防贵庚⑥者。民欲祭祀、丧纪而无用者，钱府以所入工、商之贡但赊之，祭祀无过旬日，丧纪毋过三月。民或乏绝，欲贷以治产业者，均授之，除其费，计所得受息。毋过岁什一。

〔注释〕

① 中月：仲月，第二个月。
② 贾（jià）：后作"价"，价格。
③ 市平：亦称"平市"，即平衡市场物价。
④ 厥：其。
⑤ 卬（áng）：通"昂"。
⑥ 贵庾：囤货待高价出售。

〔译文〕

　　各个司市通常在每个季节的第二个月，根据实际情况确定其职责范围，为商品制定上、中、下三个等级的价格，各自按照本市场的物价平衡标准执行，不必受其他地方的约束。百姓买卖粮食、布帛、丝绵这类东西，生活必需而又滞销的，由均官负责核实情况，并按照其原价收购，不得让卖者亏本。各种商品价格上涨，超过平衡价格一钱，就以平价卖给百姓。如果价格下跌，低于平衡价格，就允许百姓自由交易，以防止有人囤积货物待高价售出。百姓如果因为缺少资金而无法进行祭祀或丧葬等事宜，钱府可以用收缴的工商业税收暂时赊借给他们，祭祀的借期不得超过十天，丧葬的借期不得超过三个月。百姓如果生活困窘，想要贷款来经营产业，官府应根据情况给予贷款，扣除相关费用后，根据其收益情况收取利息，年息不得超过十分之一。

〔原文〕

　　羲和鲁匡①言："名山、大泽，盐、铁、钱、布、帛，五均赊贷②，斡在县官，唯酒酤独未斡。酒者，天之美禄，帝王所以颐养天下，享祀祈福，扶衰养疾。百礼之会，非酒不行。故

《诗》曰'无酒酤我',而《论语》曰'酤酒不食',二者非相反也。夫《诗》据承平之世,酒酤在官,和旨③便人,可以相御也。《论语》孔子当周衰乱,酒酤在民,薄恶④不诚,是以疑而弗食。今绝天下之酒,则无以行礼相养;放而亡限,则费财伤民。请法古,令官作酒,以二千五百石为一均,率开一卢⑤以卖,雠五十酿为准。一酿用粗米二斛,曲一斛,得成酒六斛六斗。各以其市月朔米曲三斛,并计其贾而三分之,以其一为酒一斛之平。除米曲本贾,计其利而什分之,以其七入官,其三及糟酨⑥、灰炭给工器、薪樵之费。"

〔注释〕

① 羲和鲁匡:新莽时期官员,曾任"羲和"。为王莽制定的五均、六管之策,旨在通过国家垄断工商业增加税收,结果导致社会动乱。左将军公孙禄认为此政策是乱源,王莽遂降鲁匡职以平息民愤。羲和,王莽改大司农名为"羲和"。

② 五均赊贷:王莽新朝的经济政策,旨在干预市场和提供国家信贷。该政策在长安等五大城市设立五均官(长官为五均司市师),负责评定物价(按质量分上、中、下三等,称"市平"),并规定商品售价不得高于市平。滞销商品由官府按原价收购,并在高价时按市平出售。钱府则负责征税和提供赊贷,其中祭祀和丧葬用途的赊贷(分别不超过十日和三月)免息,用于生产经营的贷款则收取不超过年息十分之一的利息。

③ 和旨:谓酒醇和而甘美。

④ 薄恶:形容社会风气败坏,人情淡薄,失去了原有的淳厚。

⑤ 卢:通"垆(lú)",置放酒坛的土墩。

⑥ 糟载（zài）：酒糟和酢浆。

[译文]

羲和鲁匡进言说："名山、大川，盐、铁、钱币、布匹、丝绸，以及五均赊贷这些事务，都由官府管理，只有酒的酿造和售卖还没有纳入管理。酒是上天给的美好赏赐，帝王用它来供养天下百姓，祭祀神灵、祈求福祉，扶助衰弱之人，调养有病之人。各种礼仪场合，没有酒是不行的。所以《诗经》里说'没有酒就买酒'，而《论语》里说'买来的酒不喝'，这两种说法并不矛盾。《诗经》描述的是太平盛世，酒的酿造和售卖由官府掌控，酒味醇美，方便人们饮用，可以用来相互宴请。《论语》中，孔子处于周朝衰落的动乱时期，酒的酿造和售卖在民间进行，社会风气败坏，人们不诚实，因此孔子对市场上销售的酒有所疑虑而不饮用。现在如果完全禁止天下的酒，就无法用它来行使各种礼仪和扶养了；如果放任不管、没有限制，就会浪费钱财，损害百姓的利益。请求效法古制，让官府酿造酒，以两千五百石为一单位，先开设一个售酒的店铺来售卖，以售出五十酿作为标准。每一次酿酒使用糙米二斛、酒曲一斛，可以酿成六斛六斗酒。各地根据每月初一市场上米和酒曲的价格，取三斛的量，计算总价格，然后将其分成三份，用其中一份的价值作为一斛酒的平均价格。扣除米和酒曲的成本价格，计算所得的利润，将其分成十份，其中七份上交给官府，剩余的三份连同酒糟、酢浆、灰炭等，用来支付工匠的工具、柴火等的费用。"

[原文]

羲和置命士①督五均、六斡，郡有数人，皆用富贾。洛阳薛子仲、张长叔、临菑姓伟等，乘传求利，交错天下，因与郡县通奸，多张空簿，府藏不实，百姓俞②病。莽知民苦之，复下诏曰："夫盐，食肴之将；酒，百药之长，嘉会之好；铁，田农之本；名山、大泽，饶衍之臧；五均、赊贷，百姓所取平，卬③以给澹；铁④布、铜冶，通行有无，备民用也。此六者，非编户齐民所能家作，必卬于市，虽贵数倍，不得不买。豪民富贾，即要贫弱，先圣知其然也，故斡之。每一斡为设科条防禁，犯者罪至死。"奸吏猾民并侵，众庶各不安生。

【注释】

① 命士：新莽始建国元年（公元9年）改五百石为命士。
② 俞：通"愈"，更加。
③ 卬："仰"的古字。
④ 铁：当作"钱"。"钱布"即钱币。

【译文】

　　羲和设命士监督五均和六管的实施，每个郡有几名命士，都由富商担任。洛阳的薛子仲、张长叔，以及临淄的姓伟等人，乘坐驿站的车辆四处奔波以谋取私利，他们的足迹遍布天下，趁机与各郡县的官员勾结作弊，大量伪造虚假账簿，导致国库空虚，百姓更加不满。王莽知道百姓为此事受苦，于是再次下诏说："盐，是食物中最重要的调料；酒，是各种药物的首领，也是嘉宴上的佳品；铁，是农业生产的根本；名山、大泽，是蕴藏丰富物产的地方；五均和赊贷，是百姓用来公平地获取所需物资和维持生计的凭借；钱币和铜的冶炼，是为了促进商品流通、互通有无，以备百姓的需用。这六类物资，不是普通的百姓能够在家自行生产的，必须依赖买卖，即使价格高出数倍，也不得不买。豪绅富商，趁机要挟贫弱百姓，古代的圣贤早就知道这种情况，所以才要对这些事务进行管理。每一项管理都制定相应的法律条文进行防范和禁止，对违反的人最重的处罚是死罪。"奸诈的官吏和狡猾的富民相互勾结，共同侵害百姓的利益，导致人们都无法过上安稳的生活。

【原文】

后五岁，天凤元年，复申下金、银、龟、贝之货，颇增减其贾直。而罢大、小钱，改作货布①，长二寸五分，广一寸，首长八分有奇②，广八分，其圜好③径二分半，足枝长八分，间广二分，其文右曰"货"，左曰"布"，重二十五铢，直货泉二十五。货泉径一寸，重五铢，文右曰"货"，左曰"泉"，枚直一，与货布二品并行。又以大钱行久，罢之，恐民挟不止，乃令民且独行大钱，与新货泉俱枚直一，并行尽六年，毋得复挟大钱矣。每壹易钱，民用破业，而大陷刑。莽以私铸钱死，及非沮④宝货投四裔，犯法者多，不可胜行，乃更轻其法；私铸作泉布者，与妻子没入为官奴婢；吏及比伍，知而不举告，与同罪；非沮宝货，民罚作一岁，吏免官。犯者俞众，及五人相坐⑤皆没入，郡国槛车⑥铁锁，传送长安钟官，愁苦死者什六七。

【注释】

① 货布：铲形币。先秦三晋有仿农具"镈（铲）"形的钱币，王莽仿制之。

② 有奇：有余。奇，零数。

③ 好（hào）：圆形钱币中的孔。

④ 非沮：非议，诋毁。

⑤ 五人相坐：谓五家比邻受株连。

⑥ 槛车：囚禁罪犯的车。

【译文】

　　过了五年，到了天凤元年（公元14年），朝廷再次颁布关于金、银、龟甲、贝壳等货币的法令，并对它们的价值进行了较大幅度的增减。废除了大钱和小钱，改铸货布，这种钱币长二寸五分、宽一寸，顶端长八分多一点、宽八分，上面的圆孔直径二分半，下端分支长八分，分支间距二分，钱币正面右边铸有"货"字，左边铸有"布"字，重二十五铢，价值相当于二十五枚货泉。货泉直径一寸，重五铢，钱币正面的右边铸有"货"字，左边铸有"泉"字，每枚价值为一，与货布二品同时流通。又因为大钱已经流通很久，朝廷决定废除它，但又担心百姓私藏，不肯停止使用，就下令百姓暂时只能单独使用大钱，与新铸造的货泉都作价一枚为一，并行流通六年，之后就不得再私藏大钱了。每一次更换货币，百姓都会因此而倾家荡产，并且有大量的人因此触犯刑法。王莽将私自铸钱者处死，还将诋毁官方宝货的人流放到边远地区，由于犯法的人太多，无法全部执行原有的刑罚，于是更改并减轻了刑罚；私自铸造泉布的人，连同他们的妻子儿女都会沦为官府的奴婢；官吏以及邻里，如果知情不报，与罪犯同罪论处；诋毁宝货的，如果是百姓就判处服劳役一年，如果是官员就直接免官。触犯法律的人越来越多，等到实行五家连坐，只要其中一家犯罪，其余四家也要一同被没收家产，各郡国用囚车加上铁锁，将犯人押送到长安的钟官府，因为愁苦而死的人十有六七。

【原文】

作货布后六年，匈奴侵寇甚，莽大募天下囚徒、人奴，名曰猪突豨勇①，壹切税吏民，訾三十而取一。又令公卿以下至郡县黄绶吏②，皆保养军马，吏尽复以与民。民摇手触禁③，不得耕桑，徭役烦剧，而枯、旱、蝗虫相因。又用制作未定，上自公侯，下至小吏，皆不得奉禄，而私赋敛，货赂上流，狱讼不决。吏用苛暴立威，旁缘莽禁，侵刻小民。富者不得自保，贫者无以自存，起为盗贼，依阻山泽，吏不能禽而覆蔽之，浸淫④日广，于是青、徐、荆楚之地往往万数。战斗死亡，缘边四夷所系虏，陷罪，饥疫，人相食，及莽未诛，而天下户口减半矣。

【注释】

① 猪突豨勇：王莽为征伐匈奴，临时征召天下丁男及死罪囚、吏民奴组成的军队。"猪突豨勇"之名，喻其锐利勇猛，如猪奔逐，含贬义。
② 黄绶吏：汉二百石以上至五百石的官吏皆铜印黄绶。
③ 摇手触禁：手一动就触犯禁令，形容法令烦苛，动辄得咎。
④ 浸淫：渐进。

【译文】

在铸造货布六年（公元20年，一说公元19年）之后，匈奴大举入侵，王莽大规模征召天下的囚犯和奴隶，命名为"猪突豨勇"，所有的税收都向百姓征收,按每三十份财产抽取一份的比例。王莽又下令从公卿大臣到各郡县的低级官吏,都要负责饲养军马,但这些官吏最终都把军马饲养的责任转嫁给百姓。百姓稍有不慎就会触犯禁令,无法正常耕种和采桑,徭役繁重不堪,再加上旱灾和蝗虫灾害接连发生。又因为各项制度尚未完善,上至公侯,下至普通小吏,都得不到应有的俸禄,于是他们便私自征收赋税,用财物贿赂上级,导致很多诉讼案件无法得到判决。官吏们使用严苛残暴的手段来树立威严,借着王莽颁布的各种禁令,肆意侵犯和压榨弱小的百姓。富人无法保护自己,穷人更是无法生存,于是纷纷起来当了盗贼,他们依靠山川湖泽等险要地势藏身,官吏无法抓捕他们,反而还隐瞒不报,这种情况日益严重,于是青州、徐州、荆州、楚州等地常常聚集着数以万计的盗贼。其中有因为战乱而死亡的,在边境被少数民族俘虏的,因为犯罪而获罪的,因为饥饿和瘟疫而死亡的,甚至还出现了人吃人的惨剧,等到王莽被诛杀的时候,全国的人口已经减少一半了。

〔原文〕

自发猪突狶勇后四年,而汉兵诛莽。后二年,世祖①受命,荡涤烦苛,复五铢钱,与天下更始。

〔注释〕

① 世祖:汉光武帝刘秀(前5—公元57年),字文叔,南阳蔡阳(今湖北枣阳西南)人。汉高祖九世孙。庙号世祖,谥号光武皇帝。

〔译文〕

自征发猪突豨勇这支军队后的第四年（公元23年），汉军的兵士就诛杀了王莽。又过了两年（公元25年），汉光武帝刘秀奉天承运即位，废除了各种烦琐苛刻的法令，重新恢复使用五铢钱，与天下百姓一同除旧布新。

〔原文〕

赞①曰：《易》称"裒多益寡②，称物平施"，《书》云"楙迁③有无"，周有泉府之官，而《孟子》亦非"狗彘食人之食不知敛，野有饿莩而弗知发"。故管氏之轻重，李悝之平籴，弘羊均输，寿昌常平，亦有从徕④。顾古为之有数，吏良而令行，故民赖其利，万国作乂⑤。及孝武时，国用饶给，而民不益赋，其次也。至于王莽，制度失中，奸轨弄权，官民俱竭，亡次矣。

〔注释〕

① 赞：古代的一种文体，文史内容后多附赞语以总结全篇。
② 裒（póu）多益寡：减有余而补不足。裒，减少。
③ 楙迁：同"贸迁"，贩运。
④ 徕：同"来"。
⑤ 乂（yì）：安定。

〔译文〕

赞语：《易经》中提到"将多余的财富分给不足的人，衡量各种物资的多少然后公平地分配"，《尚书》中说"进行贸易，互通有无"，周朝设有掌管货币的泉府官员，而《孟子》中也曾批评"猪狗吃着百姓的粮食却不知节制，野外有饿死的人却不知道开仓赈济"。所以管仲调控物价的策略、李悝的平籴法、桑弘羊的均输法、耿寿昌的常平仓制度，也都是有其历史缘由的。只是古代实行这些政策时，都有一定的限度，官吏贤良时法令才得以执行，因此百姓能够从中获益，天下得以太平安定。等到了汉武帝时，国家财用充裕，百姓的赋税也没有增加，情况就差一点了。到了王莽时，各种制度都失去了原有的准则，奸臣当道，把持朝政，导致官府和百姓都困顿不堪，没有比这更差的情况了。

资治通鉴·汉纪（节选）

汉纪一

太祖高皇帝①上之上·元年（乙未，公元前206年）

【原文】

　　十一月，沛公悉召诸县父老、豪杰，谓曰："父老苦秦苛法久矣！吾与诸侯约，先入关者王之，吾当王关中。与父老约法三章耳：杀人者死，伤人及盗抵罪。余悉除去秦法，诸吏民皆案堵③如故。凡吾所以来，为父老除害，非有所侵暴，无恐。且吾所以还军霸上，待诸侯至而定约束耳。"乃使人与秦吏行县、乡、邑，告谕之。秦民大喜。争持牛、羊、酒食献飨军士。沛公又让不受，曰："仓粟多，非乏，不欲费民。"民又益喜，唯恐沛公不为秦王。

【注释】

① 太祖高皇帝：汉高祖刘邦，死后上尊号"高皇帝"，《汉书》另称其为"汉高帝"。
② 案堵：又作"安堵""按堵"，安居或安定。

[译文]

十一月，沛公（刘邦）悉数召集各县的父老和有声望的人，对他们说："各位父老苦于秦朝严苛的法律，已经太久了！我曾与各路诸侯约定，谁先进入关中就由谁来做关中王，那么我理应在关中称王。现在和各位父老约定三条法律：杀人者处以死刑，伤人者和盗窃者则根据罪行轻重予以惩罚。除此之外，秦朝的所有法律全部废除，各位官吏和百姓都像原来一样不用迁动。我之所以来到这里，是为了替各位父老解除祸害，而不是来侵犯和欺压你们的，大家不必惊慌。而且我之所以率军返回霸上驻扎，是为了等其他诸侯来，共同商议并制定约束大家的规章制度。"于是派人与秦朝的官吏一起到各县、乡、邑，把这些事情告知百姓。秦地的百姓都非常高兴，争相拿着牛羊、酒和食物来慰劳和款待将士。沛公（刘邦）又推辞不受，说："军中粮仓的粮食还很充足，并不缺乏，不想让百姓破费。"百姓因此更加高兴，只担心沛公（刘邦）不留在秦地称王。

汉纪三

太祖高皇帝中·五年（己亥，公元前202年）

[原文]

夏，五月，兵皆罢归家。

诏："民前或相聚保山泽，不书名数①。今天下已定，令各归其县，复故爵、田宅；吏以文法教训辨告②，勿笞辱军吏卒；爵及七大夫以上，皆令食邑，非七大夫已下，皆复其身及户，勿事。"

〔注释〕

① 名数：户籍。
② 辨告：同"班告"，布告周知。

〔译文〕

夏季，五月，士兵们全部解散回家了。

（太祖高皇帝）下诏说："先前有些百姓聚集在山泽之中自保，没有登记在户籍上。现在天下已经安定了，让他们各自返回原籍所在的县，恢复他们原有的爵位、田地和住宅；官吏要根据法令条文对他们进行教导和宣讲，不要鞭打或侮辱军中的官兵；爵位达到七大夫及以上的，都让他们享用封地的赋税，爵位在七大夫以下的，都免除他们本人及其家庭的赋税和徭役。"

〔原文〕

齐人娄敬①戍陇西，过洛阳，脱挽辂②，衣羊裘，因齐人虞将军③求见上。虞将军欲与之鲜衣，娄敬曰："臣衣帛，衣帛见；衣褐，衣褐见，终不敢易衣。"于是虞将军入言上，上召见，问之。娄敬曰："陛下都洛阳，岂欲与周室比隆哉？"上曰："然。"娄敬曰："陛下取天下与周异。周之先，自后稷封邰，积德累善，十有余世，至于太王、王季、文王、武王而诸侯自归之，遂灭殷为天子。及成王即位，周公相焉，乃营洛邑，以为此天下之中也，诸侯四方纳贡职，道里均矣。有德则易以王，无德则易以亡。故周之盛时，天下和洽，诸侯、四夷莫不宾服，效其贡职。及其衰也，天下莫朝，周不能制也；非唯其德薄也，形势弱也。今陛下起丰、沛，卷蜀、汉，定三秦，与项羽战荥阳、成皋之间，大战七十，小战四十；使天下之民，肝脑涂地，父子暴骨中野，不可胜数，哭泣之声未绝，伤夷者未起；而欲比隆于成、康之时，臣窃以为不侔④也。且夫秦地被山带河，四塞以为固，卒然有急，百万之众可立具也。因秦之故，资甚美膏腴之地，此所谓天府者也。陛下入关而都之，山东虽乱，秦之故地可全而有也。夫与人斗，不搤⑤其亢，拊其背，未能全其胜也。今陛下案秦之故地，此亦扼天下之亢而拊其背也。"帝问群臣，群臣皆山东人，争言："周王数百年，秦二世即亡。洛阳东有成皋，西有殽、渑，倍河，乡伊、洛，其固亦足恃也。"上问张良。良曰："洛阳虽有此固，其中小不过数百里，田地薄，四面受敌，此非用武之国也。关中左殽、函，右陇、蜀，沃野千里。南有巴、蜀之饶，北有胡苑⑥之利。阻三面而守，独以一面东制诸侯；诸侯安定，河、渭漕輓天下，西给京师；诸侯有变，顺流而下，足以委输。此所谓金城千里，天府之国也。娄敬说是也。"上即日车驾西，都长安。拜娄敬为郎中，号曰奉春君，赐姓刘氏。

〔注释〕

① 娄敬：又名刘敬，西汉初年齐国人。公元前202年，他以戍卒身

份觐见刘邦，因建议定都关中而受重用，被赐姓刘，后封建信侯。刘邦在白登之战中败于匈奴后，娄敬提出和亲之策，建议将公主嫁给匈奴单于，虽最终改由宗室女代替，但仍促成了和亲。他还建议迁徙六国贵族后裔及豪强大族十余万户至关中，以充实当地人口。

② 挽辂：车上供牵引用的横木。

③ 虞将军：名不详，汉初年齐人。

④ 侔（móu）：齐等。

⑤ 搤（è）：同"扼"，掐住。

⑥ 胡苑：胡人牧养禽兽的范围，代指胡人地域。

[译文]

　　齐人娄敬戍守陇西，路过洛阳时，卸下车上的牵引横木，穿着羊皮袄，通过同是齐人的虞将军请求拜见皇上。虞将军想给他换上漂亮的衣服，娄敬说："我穿丝绸，就穿丝绸去见，穿粗布衣，就穿粗布衣去见，绝不敢更换衣服。"于是虞将军进去禀告皇上，皇上便召见了娄敬，并询问了他一些事。娄敬说："陛下在洛阳建都，难道是想和周朝的兴盛时期相比吗？"皇上说："是的。"娄敬说："陛下您取得天下的方式和周朝不同。周的先祖，自从后稷被封在邰地后，就一直积德行善，经过十几代人的努力，到了太王、王季、文王、武王时，各诸侯国都主动归顺，最终灭掉了殷商，成为天子。等到周成王即位后，由周公辅佐他，才营建了洛邑，认为那里是天下的中心，各地的诸侯前来纳贡，路程远近也差不多。君主有德行就容易统治天下，没有德行就容易失去天下。所以周朝兴盛的时候，天下太平，各诸侯国和四方外族没有不臣服的，都进献贡赋。等到周朝衰落的时候，天下没有诸侯前来朝拜，周王室也无法控制局面了；

这不仅是因为他们的德行衰微，也是因为他们的实力衰弱了。如今陛下您从丰、沛起兵，席卷蜀、汉地区，平定三秦之地，与项羽在荥阳、成皋一带交战，经历了七十多次大战和四十多次小战；导致天下百姓肝脑涂地，父子暴尸荒野，死伤无数，哭泣的声音还未停息，受伤的人还未痊愈，却想要与成王、康王时的盛世相比，我私下认为这是不相称的。况且秦地背靠山脉，面临黄河，四周有险要关隘作为屏障，一旦发生紧急情况，可以迅速集结百万大军。依靠秦国原有的基础，具备极其肥沃的土地，这就是所谓的'天府之国'。陛下如果进入函谷关并在那里建都，即使崤山以东地区发生动乱，也仍然可以保全并拥有秦国的原有领地。和别人搏斗，如果不扼住对方的咽喉，再从背后袭击，就不能取得完全的胜利。今陛下占据秦国的故地，这也等于扼住了天下的咽喉并攻击其后背了。"皇上询问群臣，群臣都是崤山以东地区的人，纷纷争辩说："周朝统治了几百年，而秦朝只传到二世就灭亡了。洛阳东有成皋，西有崤山、渑池，背靠黄河，面临伊水、洛水，其地势的险固也是足以凭借的。"皇上又问张良。张良说："洛阳虽然有这些险固的条件，但其中心区域狭小，方圆不过几百里，土地贫瘠，四面都可能受到敌人的攻击，这里并不是用武之地。关中地区东有崤山、函谷关；西有陇山和岷山，土地肥沃，广袤千里；南有富饶的巴蜀地区；北有适合放牧的胡苑。凭借三面险要的地形进行防守，只须用一面来向东控制各诸侯国；如果诸侯安定，就可以通过黄河、渭河的水路运输天下的物资，向西供给京城；如果诸侯发生变乱，也可以顺流而下，足以运输物资。这就是所谓的拥有千里坚固城防、物产富饶的天府之国。娄敬的说法是对的。"皇上当天就起驾向西进发，定都长安。任命娄敬为郎中，赐号奉春君，并赐姓刘。

汉纪四

太祖高皇帝下·十一年（乙巳，公元前196年）

〔原文〕

五月，诏立秦南海尉赵佗①为南粤王，使陆贾即授玺绶，与剖符②通使，使和集百越③，无为南边患害。

〔注释〕

① 赵佗（？—前137年）：西汉初年真定（今河北石家庄北部）人，南越国建立者。秦时曾任南海郡龙川县令，后升任南海尉。秦末天下大乱之际，他兼并了桂林郡和象郡，于公元前203年建立了南越国。西汉高祖十一年，接受汉朝册封，成为南越王。吕后时期，他曾一度自称南越武帝，并出兵侵扰长沙国边境。汉景帝时期，他重新归附汉朝。
② 剖符：古代帝王授予功臣、诸侯或地方官员权力的一种凭证，常为竹、玉、金属等制成，从中剖开，君臣双方各执一半，作为信守的约证。
③ 百越：泛指南方地区。

〔译文〕

五月，（太祖高皇帝）下诏册封原秦朝南海郡尉赵佗为南越王，派遣陆贾立即前去授予他印玺和绶带，并颁发符节，互通使节，让他安抚、团结南方各部族，不要在南方边境制造祸乱。

〔原文〕

　　初，秦二世时，南海尉任嚣①病且死。召龙川令赵佗，语曰："秦为无道，天下苦之。闻陈胜等作乱，天下未知所安。南海僻远，吾恐盗兵侵地至此，欲兴兵绝新道自备，待诸侯变；会病甚。且番禺负山险，阻南海，东西数千里，颇有中国人相辅；此亦一州之主也，可以立国。郡中长吏，无足与言者，故召公告之。"即被佗书，行南海尉事。嚣死，佗即移檄②告横浦、阳山、湟溪③关曰："盗兵且至，急绝道，聚兵自守！"因稍以法诛秦所置长吏，以其党为假守。秦已破灭，佗即击并桂林、象郡，自立为南越武王。

〔注释〕

① 任嚣：秦末人，曾为秦朝南海尉。
② 移檄：发布文告。
③ 横浦、阳山、湟溪：三者均为秦时关名，故址均在今广东。

〔译文〕

　　当初，秦二世在位时，南海郡尉任嚣病重，即将去世。他召来龙川县令赵佗，对他说："秦朝统治暴虐无道，天下百姓都深受其苦。听说陈胜等人发动了叛乱，天下局势动荡不安，不知何去何从。南海地处偏远，我担心叛军会侵犯到这里，想要起兵切断新开辟的道路，以此做好防备，静观天下诸侯的局势变化；这时我的病严重了。而且番禺城背靠险峻的山势，面临南海，东西绵延数千里，还有不少中原人士在此辅佐治理；这里也算是一州的统治中心，可以建立一国。郡中的其他官员，没有值得我与他们商议此事的人，因此才召你来告诉你这些话。"随即就写下文书交给赵佗,让他处理南海郡尉的事务。任嚣死后,赵佗立即发布檄文通告横浦、阳山、湟溪三处关卡说:"叛军即将到来,赶紧切断道路,集结兵力进行自守!" 随后慢慢通过各种手段处死秦朝设置的高级官员,并任用自己的亲信担任代理郡守。秦朝灭亡后,赵佗随即出兵攻占并吞了桂林郡和象郡,并自立为南越武王。

〔原文〕

陆生①至,尉佗魋结②、箕倨③见陆生。陆生说佗曰:"足下中国人,亲戚、昆弟、坟墓在真定。今足下反天性,弃冠带,欲以区区之越与天子抗衡为敌国,祸且及身矣!且夫秦失其政,诸侯、豪杰并起,唯汉王先入关,据咸阳。项羽倍④约,自立为西楚霸王,诸侯皆属,可谓至强。然汉王起巴、蜀,鞭笞天下,遂诛项羽,灭之。五年之间,海内平定。此非人力,天之所建也。天子闻君王王南越,不助天下诛暴逆,将相欲移兵而诛王。天子怜百姓新劳苦,故且休之,遣臣授君王印,剖符通使。君王宜郊迎,北面称臣;乃欲以新造未集之越,屈强于此!汉诚闻之,掘烧王先人冢,夷灭宗族,使一偏将将十万众临越,则越杀王降汉如反覆手耳!"于是尉佗乃蹶然⑤起坐,谢陆生曰:"居蛮夷中久,殊失礼义!"因问陆生曰:"我孰与萧何、曹参、韩信贤?"陆生曰:"王似贤也。"复曰:"我孰与皇帝贤?"陆生曰："皇帝继五帝、三皇之业，统理中国；中国之人以亿计，地方万里，万物殷富；政由一家，自天地剖判未始有也。今王众不过十万，皆蛮夷，崎岖山海间，譬若汉一郡耳，何乃比于汉！"尉佗大笑曰："吾不起中国，故王此；使我居中国，何遽不若汉！"乃留陆生与饮。数月，曰："越中无足与语。至生来，令我日闻所不闻。"赐陆生橐⑥中装直千金，他送亦千金。陆生卒拜尉佗为南越王，令称臣，奉汉约。归报，帝大悦，拜贾为太中大夫。

〔注释〕

① 陆生：陆贾，楚地人。他追随汉高祖刘邦平定天下，官至太中大夫。他曾向刘邦强调武力可以开国，但不能仅凭武力治国。
② 魋（chuí）结："椎结"，锥形的发髻。
③ 箕倨：箕踞，一种轻慢姿态，坐时双腿伸直张开，形似簸箕。
④ 倍：通"背"。
⑤ 蹶（juě）然：疾起的样子。
⑥ 橐（tuó）：袋子。

〔译文〕

陆贾到达南越，尉佗（赵佗）梳着锥形发髻，箕踞而坐，接见了陆贾。陆贾劝说赵佗道："您是中原人士，亲人、兄弟、祖坟都在真定。现在您违背人的天性，抛弃中原的衣冠礼制，想要凭借小小的南越与天子对抗，成为敌对之国，灾祸恐怕就要降临到您身上了！再说，秦朝朝政混乱，各地诸侯、豪杰纷纷起兵，只有汉王率先攻入关中，占领了咸阳。项羽背弃盟约，自立为西楚霸王，各路诸侯都归属于他，可谓极其强盛。然而汉王从巴、蜀之地崛起，席卷天下，最终诛杀了项羽，灭掉了楚军。五年内，天下就安定了下来。这不是人力所能做到的，而是上天所成就的。天子听说您在南越称王，却不帮助天下讨伐暴虐之徒，文武大臣都想调兵来讨伐您。天子怜悯百姓刚刚经历战乱十分劳苦，所以暂且停止了军事行动，派遣我来授予您君王的印玺，颁发符节，互通使臣。您本应到郊外迎接，面向北方称臣，却想凭借新建立且尚未稳固的南越，在这里逞强！朝廷如果知道这件事，就会挖掘焚烧您祖先的坟墓，灭绝您的宗族，再派一名偏将率领十万大军兵临南越，那么南越人杀掉您投降汉朝，就像翻一下手掌一样容易！"于是赵佗立刻起身，向陆贾道歉说："在蛮夷之地居住太久了，实在太不懂礼仪了！"接着他问陆贾说，"我与萧何、曹参、韩信相比，谁更贤能？"陆贾回答："您好像更贤能一些。"赵佗又问："那我与皇帝相比，谁更贤能？"陆贾说："皇帝继承了五帝、三皇的伟业，统治着中原大地；中原的人口以亿来计算，土地广阔万里，物产丰富；政权统一于一人之手，这是自从天地开辟以来从未有过的盛况。现在您的部众不过十万人，而且都是少数民族，居住在险峻的山海之间，就像朝廷的一个郡而已，怎么能和朝廷相比呢！"赵佗大笑着说："我没有在中原起家，才在这里称王；假使我在中原，又怎见得比不上汉朝！"说完便留下陆贾一起饮酒。过了几个月，赵佗说："南越没有值得交谈的人。自从先生来了以后，我每天都能听到以前从未听过的事情。"赏赐给陆贾的袋子里装了价值千金的财物，其他的赠送也价值千金。陆贾最终正式册封赵佗为南越王，让他向汉朝称臣，遵守汉朝的约定。陆贾回朝禀报，皇帝非常高兴，任命陆贾为太中大夫。

汉纪五

太宗孝文皇帝①上·二年（癸亥，公元前178年）

〔原文〕

贾谊说上曰："《管子》曰：'仓廪实而知礼节，衣食足而知荣辱。'民不足而可治者，自古及今，未之尝闻。古之人曰：'一夫不耕，或受之饥；一女不织，或受之寒。'生之有时而用之亡度，则物力必屈②。古之治天下，至纤至悉，故其畜积足恃。今背本而趋末者甚众，是天下之大残③也！淫侈之俗，日日以长，是天下之大贼也！残、贼公行，莫之或止；大命将泛④，莫之振救。生之者甚少而靡之者甚多，天下财产何得不蹶⑤。

〔注释〕

① 太宗孝文皇帝：汉文帝刘恒（前203—前157），汉高祖刘邦第四子，其庙号"太宗"，正式谥号为"孝文皇帝"。
② 屈：竭，穷尽。
③ 大残：大害。
④ 泛（fěng）：通"覂"，覆。
⑤ 蹶（jué）：耗尽。

〔译文〕

贾谊对皇上说："《管子》上说：'粮仓充实了，人们才会懂得礼节；衣食充足了，人们才会懂得荣辱。'百姓生活困窘而国家还能治理好，自古至今，这样的事情我从未听说过。古人说：'一个男子不耕种，就有人要挨饿；一个女子不织布，就有人要受冻。'生产有一定的时间规律而使用没有节制，那么物力必定会枯竭。古人治理天下，考虑得非常细致周到，所以他们的储备足以依赖。现在抛弃农业这个根本而追逐工商业等末业的人非常多，这是天下的一大祸害！奢侈浪费的风气，日益滋长，这是天下的一大祸患！祸害公然盛行，没有人去制止；国家命运将要倾覆，没有人能够挽救。生产的人很少而浪费的人很多，天下的财富怎么能不耗尽呢？

〔原文〕

"汉之为汉，几四十年矣，公私之积，犹可哀痛。失时不雨，民且狼顾①；岁恶不入，请卖爵子。既闻耳矣，安有为天下阽危②者若是而上不惊者！

〔注释〕

① 狼顾：原指狼行走时频频回顾，防备袭击，比喻有后顾之忧。
② 阽（diàn）危（wēi）：危险。阽，临近险境。

〔译文〕

"汉朝建立至今，差不多四十年了，国家和百姓的积蓄，仍然令人感到悲哀和痛心。一旦错过农时而没有下雨，百姓就会像狼行走时频频回头一样，充满忧虑；年景不好，没有收成，百姓就不得不卖掉爵位甚至典卖儿女来度日。这样的情况您一定已经有所耳闻了，怎么会有天下局势如此危急而君王却不感到震惊的道理呢？

〔原文〕

"世之有饥、穰,天之行也;禹、汤被之矣。即不幸有方二三千里之旱,国胡以①相恤?卒然边境有急,数十百万之众,国胡以馈之?兵、旱相乘,天下大屈,有勇力者聚徒而衡击②,罢夫、羸老,易子咬其骨。政治未毕通也,远方之能僭拟者并举而争起矣;乃骇而图之,岂将有及乎!夫积贮者,天下之大命也。苟粟多而财有余,何为而不成!以攻则取,以守则固,以战则胜,怀敌附远,何招而不至!

〔注释〕

① 胡以:何以。
② 衡击:横行劫掠攻击,谓抢劫。衡,通"横"。

〔译文〕

"世上有饥荒之年、丰收之年,这是自然规律;禹、汤这样的圣王也曾遭遇过。倘若不幸发生方圆二三千里的大旱,国家拿什么来赈济百姓呢?万一边境突发紧急情况,需要数百万大军,国家又拿什么来供给他们呢?战争和旱灾交织在一起,天下就会陷入困境,那些有勇力的人就会聚集部众四处抢掠,而那些疲累的百姓和老弱之人,甚至会易子而食。国家的政治措施不够完善,远方那些有野心的人就会趁机纷纷起事作乱。到那时才感到震惊并想办法补救,恐怕就来不及了!积蓄储备是关系到国家命脉的大事。如果粮食充足,财物富余,还有什么事情办不成呢!凭借充足的储备,用来进攻就能攻取,用来防守就能稳固,用来作战就能胜利,安抚敌人,招徕远方的部族归附,什么样的人才和资源得不到呢?

〔原文〕

"今敺①民而归之农,皆著于本。使天下各食其力,末技、游食②之民转而缘南亩,则畜积足而人乐其所矣。可以为富安天下,而直为此廪廪③也,窃为陛下惜之!"

上感谊言,春,正月,丁亥,诏开藉田④,上亲耕以率天下之民。

〔注释〕

① 敺(qū):古同"驱"。
② 游食:游手好闲,不劳而食。
③ 廪(lǐn)廪:警惕畏惧的样子。
④ 藉田:中国古代帝王或诸侯在春天亲自耕田的一种仪式,目的是劝课农桑,表示对农业的重视,并祈求来年丰收。

〔译文〕

"现在如果驱使百姓回归农业,让他们都附着于根本,让天下人都能依靠自己的劳动生活,那些从事工商业等末业和游手好闲的人也转而从事农业,那么国家的储备就会充足,百姓也就会安居乐业了。这样就可以使国家富强,天下安定,而现在竟然为此事感到警惕畏惧,我私下里替陛下感到惋惜!"

皇上被贾谊的话打动,于春季正月丁亥日,下诏举行藉田的仪式,皇上亲自耕田,给天下的百姓做出榜样。

汉纪六

太宗孝文皇帝中·五年(丙寅,公元前175年)

〔原文〕

春,二月,地震。

初,秦用半两钱,高祖嫌其重,难用,更铸荚钱。于是物价腾踊,米至石万钱。夏,四月,更造四铢钱,除盗铸钱令,使民得自铸。

〔译文〕

春季,二月,发生了地震。

当初,秦朝使用半两钱,高祖皇帝嫌它太重,不方便使用,就改铸荚钱了。当时物价飞涨,米价甚至达到了一石米一万钱。夏季,四月,朝廷又改铸四铢钱,并废除了禁止私人铸钱的法令,允许百姓自行铸造钱币。

〔原文〕

贾谊谏曰:"法使天下公得雇租铸铜、锡为钱,敢杂以铅、铁为它巧者,其罪黥。然铸钱之情,非殽杂为巧,则不可得赢;而殽之甚微,为利甚厚。夫事有召祸而法有起奸;今令细民人操造币之势,各隐屏而铸作,因欲禁其厚利微奸,虽黥罪日报,其势不止。乃者,民人抵罪多者一县百数,及吏之所疑榜笞①奔走者甚众。夫县法以诱民,使入陷阱,孰多于此!又民用钱,郡县不同:或用轻钱,百加若干;或用重钱,平称不受。法钱不立,吏急而壹之乎?则大为烦苛而力不能胜;纵而弗呵乎?则市肆异用,钱文大乱;苟非其术,何乡而可哉!今农事弃捐而采铜者日蕃，释其耒耨，冶熔炊炭；奸钱日多，五谷不为多。善人怵而为奸邪，愿民陷而之刑戮；刑戮将甚不详，奈何而忽！国知患此，吏议必曰'禁之'。禁之不得其术，其伤必大。令禁铸钱，则钱必重；重则其利深，盗铸如云而起，弃市之罪又不足以禁矣。奸数不胜而法禁数溃，铜使之然也。铜布于天下，其为祸博矣，故不如收之。"贾山②亦上书谏，以为："钱者，亡用器也，而可以易富贵。富贵者，人主之操柄也；令民为之，是与人主共操柄，不可长也。"上不听。

〔注释〕

① 榜（péng）笞：《史记·平准书》作"榜笞"，意同。
② 贾山：西汉政论家，颍川郡（今河南禹州）人。他起初在颍阴侯灌婴手下做事。汉文帝时期，他以上书的方式，以秦朝的兴衰作为借鉴，阐述了国家治乱的道理，着重强调了采纳臣下意见的重要性，并劝谏朝廷推行礼义教化。

〔译文〕

贾谊进谏说："法令允许天下百姓都可以公然雇用他人用铜锡铸造钱币，但凡有人敢掺杂铅铁等其他金属进行作假的，就要处以黥刑。然而铸钱的实际情况是，如果不掺杂作假，就无法获利；而掺杂得越精妙，也就获利越丰厚。事情本身就容易招致祸患，而法律也可能导致人们作奸犯科。如今让普通百姓都能掌握铸币的权力，他们各自私下进行铸造，想要禁止他们获取暴利和巧妙作假，即使每天都判处一些人黥刑，也无法阻止这种趋势。近来，百姓因犯罪而被判刑的，一个县多的就有上百人，而那些被官吏怀疑，遭到鞭打后逃亡的人也很多。用公布的法令来诱导百姓犯罪，使他们落入陷阱，还有比这更严重的吗？再说，百姓使用钱币的情况，各个郡县都不一样：有的地方使用轻的钱币，一百枚还要额外多加一些；有的地方使用重的钱币，即使称重相等也不被接受。法定标准的钱币无法推行，官吏急于统一吧，政令就会非常烦琐苛细，而且能力也难以胜任；放任不管，不加呵责，市场上就会各自使用不同的钱币，导致货币流通秩序极其混乱。若没有合适的治理方法，又该如何是好呢？如今，农业生产被荒废，而从事采铜的人却日益增多，他们放下农具，转而从事冶炼和烧炭；不正当的钱币日益增多，而粮食的产量却没有相应增加；善良的人也受到诱惑而去做奸邪之事，老实本分的百姓也沦陷而遭到刑罚或被处死，这样的刑罚将非常不公正，怎能视而不见呢！国家也知道这是一个隐患，官员们议政时一定会说要禁止。如果禁止铸钱的方法不得当，造成的损害一定会很大。如果下令禁止铸钱，那么钱币的价值必然会上涨。钱币价值上涨就会使得其中的利润非常可观，于是私自铸钱的人就会如云涌起，即使处以死刑示众也无法禁止了！作奸犯科的行为屡禁不止，而以法令禁止却屡屡失败，这都是铜（指铸钱牟利）造成的。铜散布于天下，所造成的祸患非常之大，所以不如收回铜的控制权。"贾山也上书进谏，他认为："钱币，本来是无用的器物，却可以用来交换富贵。富贵，是君主掌握的权力；让百姓铸钱，就是让百姓和君主共同掌握权力，这种情况不能长久下去。"皇帝没有采纳他们的建议。

〔原文〕

是时，太中大夫邓通方宠幸，上欲其富，赐之蜀严道①铜山，使铸钱。吴王濞有豫章②铜山，招致天下亡命者以铸钱；东煮海水为盐；以故无赋而国用饶足。于是吴、邓钱布天下。

【注释】

① 严道：秦朝设置的古县，治所在今天的四川荥经县。该县境内有铜山，是西汉文帝时期邓通铸造钱币的地方。
② 豫章：古郡名，始设于西汉高祖五年（前202年），郡治位于南昌（即今南昌市）。大约从汉武帝元狩二年（前121年）起，其管辖范围大致相当于今天的江西省。

【译文】

当时，太中大夫邓通正受皇帝宠幸，皇帝想让他富有，便把蜀郡严道县的铜山赐给他，让他开矿铸造钱币。吴王刘濞拥有豫章郡的铜山，招揽了许多逃亡之人来开矿铸钱；还在东部沿海煮海水制盐；因此，吴国无须向百姓征收赋税，郡国的财用也十分充裕。于是吴国和邓通铸造的钱币便流布全国。

汉纪七

太宗孝文皇帝下·十二年（癸酉，公元前168年）

【原文】

冬，十二月，河决酸枣①，东溃金堤②，东郡③大兴卒塞之。

春，三月，除关，无用传④。

晁错言于上曰："圣王在上而民不冻饥者，非能耕而食之，织而衣之也，为开其资财之道也。故尧有九年之水，汤有七年之旱，而国亡捐瘠⑤者，以畜积多而备先具也。今海内为一，土地、人民之众不减汤、禹，加以无天灾数年之水旱，而畜积未及者，何也？地有遗利，民有余力；生谷之土未尽垦，山泽之利未尽出，游食之民未尽归农也。

〖注释〗

① 酸枣：古县名，秦置，县治位于今天河南省延津县的西南部。西汉文帝十二年（前168年），黄河曾在此地决口。
② 金堤：非常坚固的江河堤坝。西汉时期，在东郡、魏郡和平原郡境内的黄河两岸，都修筑了用石头砌成的金堤，高度可达四五丈。
③ 东郡：郡名，秦王政五年（前242年）设立，郡治在濮阳（今河南省濮阳县西南）。西汉时期，其管辖范围大致包括今东阿、梁山以西，郓城、东明、范县、长垣北部以北，延津以东，以及茌平、冠县、清丰、濮阳、滑县以南的区域。
④ 传（zhuàn）：出关之符。
⑤ 捐瘠（jí）：饿死。

〖译文〗

　　冬季，十二月，黄河在酸枣县境内决口，向东冲垮了坚固的堤坝，东郡为此大规模征调士卒进行堵塞。

　　春季，三月，朝廷下令撤销各地的关卡，人们出入不再需要使用通行符信。

　　晁错对皇上进言说："英明的君主在位，百姓不会受冻挨饿，并不是因为君主亲自耕种来供给他们食物，亲自纺织来给他们衣服穿，而是因为君主为百姓开辟了生财的道路。所以尧遭遇了九年的洪水，商汤遭遇了七年的旱灾，国家却没有出现百姓饿死的现象，

185

这是因为国家储备充足并且事先做好了充分的准备。如今全国统一，疆域之广、人口之多，不少于商汤和夏禹的时代，而且又没有连续数年水旱等严重的天灾，但是国家的储备反而不如那时充足，这是为什么呢？这是因为土地还有未被开发的资源，百姓还有未被充分利用的劳力；可以种植粮食的土地还没有完全开垦，山林湖泽中的资源还没有完全开发出来，游手好闲、不劳而食的游民还没有全部回归到农业生产中去。

〔原文〕

"夫寒之于衣，不待轻暖；饥之于食，不待甘旨①；饥寒至身，不顾廉耻。人情，一日不再食则饥，终岁不制衣则寒。夫腹饥不得食，肤寒不得衣，虽慈父不能保其子，君安能以有其民哉！明主知其然也，故务民于农桑，薄赋敛，广畜积，以实仓廪，备水旱，故民可得而有也。民者，在上所以牧②之；民之趋利，如水走下，四方无择也。

〔注释〕

① 甘旨：美味的食物。
② 牧：治理。

〔译文〕

"对于衣服来说，人们在寒冷时只求保暖，而不会苛求轻便和温暖；对于食物来说，人们在饥饿时只求果腹，而不会追求美味佳肴；如果饥寒交迫，人们就顾不上讲究廉耻了。这是人之常情，一天不吃两顿饭就会挨饿，一年不做衣服就会受冻。如果一个人肚子饿了却得不到食物、身上冷了却得不到衣服，即使是慈父也无法保全自己的孩子，那君王又怎能拥有他的百姓呢！贤明的君主明白这个道理，所以致力于让百姓从事农桑，减轻赋税，广泛地进行储备，以此来充实粮仓，防备水灾和旱灾，这样才能获得并拥有民心。百姓呢，就看君主用什么办法来治理他们；百姓追求利益，就像水往低处流一样，不会选择方向。

[原文]

"夫珠、玉、金、银，饥不可食，寒不可衣；然而众贵之者，以上用之故也。其为物轻微易藏，在于把握，可以周海内而无饥寒之患。此令臣轻背其主，而民易去其乡，盗贼有所劝，亡逃者得轻资①也。粟、米、布、帛，生于地，长于时，聚于力，非可一日成也；数石之重，中人②弗胜，不为奸邪所利，一日弗得而饥寒至。是故明君贵五谷而贱金玉。

[注释]

① 轻资：便于携带的钱财。
② 中人：一般之人，普通人。

[译文]

"珍珠、美玉、黄金、白银这些东西，饥饿时不能充饥，寒冷时不能御寒；然而人们却都看重它们，这是因为上位者使用它们。这些东西轻巧，便于收藏，可以拿在手中，从而能够走遍天下而不用担心受饥寒之苦。这些东西会导致臣子轻易地背叛他们的君主、百姓轻易离开自己的家乡，助长了盗贼的贪欲，使得逃亡的人能够获得便于携带的财物。谷子、大米、布匹、丝绸这些东西,产自土地,需要时间才能成熟,并且凝聚了人们的辛勤劳动,不是一天就能生产出来的;几石重的粮食或布匹,普通人难以搬得动,因此不会成为盗贼觊觎的目标,但是人们一天得不到它们,就会遭受饥寒之苦。所以,贤明的君主会看重粮食而轻视金玉。

〔原文〕

"今农夫五口之家,其服役者不下二人,其能耕者不过百亩,百亩之收不过百石。春耕,夏耘,秋获,冬藏,伐薪樵,治官府,给繇役;春不得避风尘,夏不得避暑热,秋不得避阴雨,冬不得避寒冻,四时之间亡日休息;又私自送往迎来、吊死问疾、养孤长幼在其中。勤苦如此,尚复被水旱之灾,急政暴赋,赋敛不时,朝令而暮改。有者半贾而卖,无者取倍称①之息,于是有卖田宅、鬻子孙以偿责者矣。而商贾大者积贮倍息,小者坐列贩卖,操其奇赢②,日游都市,乘上之急,所卖必倍。故其男不耕耘,女不蚕织,衣必文采,食必粱肉;无农夫之苦,有仟伯之得③。因其富厚,交通王侯,力过吏势,以利相倾;千里游敖,冠盖相望,乘坚策肥,履丝曳缟④。此商人所以兼并农人,农人所以流亡者也。

〔注释〕

① 倍称(chèn):加倍。
② 奇赢:以特殊手段获取利润。

③ 仟伯之得：田地间的收获。仟伯，今作"阡陌"。
④ 乘坚策肥，履丝曳缟：乘坚车，策肥马，穿丝鞋，披绸衣。形容生活奢华。

〔译文〕

"如今五口之家的农户，需要服徭役的至少有两人，能耕种的土地最多只有一百亩，而一百亩地的收成通常不超过一百石。他们要春天耕地，夏天除草，秋天收割，冬天储藏，还要砍柴，修缮官府，缴纳赋税和服劳役；春天无法躲避风沙，夏天无法躲避酷热，秋天无法躲避连绵的阴雨，冬天无法躲避严寒冰冻，一年四季没有一天可以休息；此外，自己私下迎来送往的交际应酬、吊唁丧事慰问疾病、赡养孤寡老幼等各种开支都在其中。如此辛勤劳苦，还要遭受水灾和旱灾的侵袭，加上严苛的政令与繁重的赋税，征收赋税又不定时，经常朝令夕改。稍微有点家底的，能以低价贱卖家产，一无所有的，就只能去借取双倍利息的高利贷，于是出现了变卖田地房屋、卖儿卖女来偿还债务的情况。而那些大商人囤积货物以牟取高利，小商贩则在市场上摆摊叫卖，利用各种手段获取暴利，整天在城市里游荡，趁着官府或百姓急需物资的时候，必将商品的价格加倍。因此，作为商人，男子不事耕种，女子不事纺织，穿的必定是华丽的丝绸锦缎，吃的必定是精美的米肉；他们不用承受农民的辛劳，却能获得田里的收获。他们凭着财富厚重，与王侯权贵勾结，势力甚至超过了地方官吏，用利益互相倾轧；他们千里游玩享乐，车马络绎不绝，乘坚车，策肥马，穿丝鞋，披绸衣。这就是商人侵夺农民，导致农民流离失所的原因。

〔原文〕

"方今之务,莫若使民务农而已矣。欲民务农,在于贵粟。贵粟之道,在于使民以粟为赏罚。今募天下入粟县官,得以拜爵,得以除罪。如此,富人有爵,农民有钱,粟有所渫①。夫能入粟以受爵,皆有余者也。取于有余以供上用,则贫民之赋可损,所谓损有余,补不足,令出而民利者也。今令民有车骑马一匹者,复卒三人;车骑者,天下武备也,故为复卒。神农之教曰:'有石城十仞,汤池百步,带甲百万,而无粟,弗能守也。'以是观之,粟者,王者大用②,政之本务。今民入粟受爵至五大夫以上,乃复一人耳,此其与骑马之功相去远矣。爵者,上之所擅,出于口而无穷;粟者,民之所种,生于地而不乏。夫得高爵与免罪,人之所甚欲也;使天下人入粟于边以受爵、免罪,不过三岁,塞下之粟必多矣。"

帝从之,令民入粟于边,拜爵各以多少级数为差。

〔注释〕

① 渫:分散。
② 大用:重要的用度。

〔译文〕

"当前最紧要的事务,莫过于让百姓专注于农业生产了。想要百姓务农,关键在于重视粮食。重视粮食的方法,在于使朝廷用粮食作为奖惩的手段。现在可以招募天下百姓向官府缴纳粮食,以此来获得爵位,或者免除罪责。这样做,富人可以得到爵位,农民可以获得钱财,粮食也就能得到流通和分散。那些能够缴纳粮食来换取爵位的人，都是家里粮食有剩余的。从富余的人那里收取粮食来供给国家使用，就可以减轻贫困百姓的赋税，这就是所谓的减少富人的有余，弥补穷人的不足。这样的政令一旦颁布，百姓就能从中受益。现行的法令规定，百姓家中拥有一匹战马的，可以免除三人的兵役；战马是国家重要的军事装备，所以给予免除兵役的优待。神农的教诲说：'即使有高耸的石砌城墙、宽阔的护城河，以及百万全副武装的士兵，如果没有粮食，也无法守住城池。'由此看来，粮食是君王最重要的物资，是国政的根本要务。如今百姓缴纳粮食获得五大夫以上的爵位，才能免除一人的兵役，这与拥有战马就能免除三人兵役的优待相比，差距太大了。爵位是君王所独有的权力，只要开口就能无限地授予；而粮食是百姓种植的，从土地中生长出来，不会匮乏。获得高等爵位和免罪是人们非常渴望的；如果让天下百姓向边境运送粮食来换取爵位和免罪，用不了三年，边境的粮食储备必定会非常充足。"

皇帝采纳了晁错的建议，下令让百姓向边境运送粮食，并根据运送粮食的多少授予不同等级的爵位。

［原文］

错复奏言："陛下幸使天下入粟塞下以拜爵，甚大惠也。窃恐塞卒之食不足用，大渫天下粟。边食足以支五岁，可令入粟郡县矣；郡县足支一岁以上，可时赦，勿收农民租。如此，德泽加于万民，民愈勤农，大富乐矣。"

【译文】

　　晁错再次上奏说:"陛下恩准让天下百姓向边境输送粮食来换取爵位,这是莫大的恩惠。我私下担心边防士兵的粮食不够用,所以主张将全国的粮食大量输送到边境。如果边境的粮食足够供应五年,就可以改为让百姓向内地的郡县输送粮食;如果各郡县的粮食储备足够供应一年以上,就可以随时颁布赦令,免除农民的田租。这样一来,陛下的恩泽就能遍及天下百姓,百姓会更加努力耕种,国家也将变得非常富足安乐。"

【原文】

　　上复从其言,诏曰:"道民之路,在于务本。朕亲率天下农,十年于今,而野不加辟,岁一不登,民有饥色;是从事焉尚寡而吏未加务。吾诏书数下,岁劝民种树而功未兴,是吏奉吾诏不勤而劝民不明也。且吾农民甚苦而吏莫之省,将何以劝焉!其赐农民今年租税之半。"

【译文】

　　皇上再次采纳了晁错的建议,下诏说:"引导百姓的正确方法,在于让他们致力于根本的农业生产。我亲自带领天下百姓从事农业,至今已经十年了,但是开垦的荒地并没有增加,一旦遇到收成不好的年份,百姓就会面露饥色;这是因为从事农业的人仍然不多,而且官吏也没有尽力发展农业。我多次颁布诏书,每年都劝勉百姓种植,但是至今没有见到什么成效,这说明官吏们执行我的诏令不够认真,而且劝导百姓的方式也不得当。再说,我的农民们生活非常困苦,而官吏们却不关心他们,这样又如何劝告他们搞好农业生产呢!那就免除农民今年应缴纳租税的一半吧。"

汉纪十一

世宗孝武皇帝①中之上②·元狩四年(壬戌,公元前119年)

〔原文〕

冬,有司言:"县官用度太空,而富商大贾冶铸、煮盐,财或累万金,不佐国家之急。请更钱造币以赡用,而摧浮淫并兼之徒。"是时,禁苑有白鹿而少府多银、锡,乃以白鹿皮方尺,缘以藻缋,为皮币,直四十万。王侯、宗室朝觐、聘享必以皮币荐璧,然后得行。又造银、锡为白金三品:大者圜之,其文龙,直三千;次方之,其文马,直五百;小者椭之,其文龟,直三百。令县官销半两钱,更铸三铢钱,盗铸诸金钱罪皆死;而吏民之盗铸白金者不可胜数。

〔注释〕

① 世宗孝武皇帝:汉武帝刘彻(前156—前87),西汉第七位皇帝,为中国历史中最具影响力,也有相当争议的皇帝之一。其庙号为"世宗",正式谥号为"孝武皇帝"。
② 中之上:"世宗孝武皇帝"记事分上篇、中篇、下篇,所谓"上之上""中之上""下之下"等,意即将上篇、中篇、下篇又分为上、中、下三部分取其一。

〔译文〕

冬季,主管官员进言说:"国家财用严重不足,而富有的商人们通过冶炼金属和煮盐等手段,积累了大量的财富,有的甚至积累了数万金,却不肯拿出来帮助国家解决燃眉之急。请陛下改革货币制度,重新铸造钱币来充实国库,并借此打击那些轻浮放荡、兼并土地的奸商。"当时,皇家园林里有白鹿,而掌管财政的少府拥有大量的银和锡,于是用一尺见方的白鹿皮,在其边缘绣上精美的彩色图案,制成皮币,每张价值四十万钱。王侯和皇室宗亲来朝见天子或进行聘享等礼仪活动时,必须用皮币垫在玉璧下面进献,才能行礼。又用银和锡铸造了"白金三品":最大的一种是圆形的,上面刻着龙的图案,价值三千钱;次大的一种是方形的,上面刻着马的图案,价值五百钱;最小的一种是椭圆形的,上面刻着龟的图案,价值三百钱。下令让地方官府熔化半两钱,改铸成三铢钱,并规定私自铸造各种金属钱币的人都要处以死刑;但是官吏和百姓中私自铸造白金币的人仍然多得数不清。

〔原文〕

于是以东郭咸阳、孔仅为大农丞,领盐铁事。桑弘羊以计算用事。咸阳,齐之大煮盐;仅,南阳大冶,皆致生累千金。弘羊,洛阳贾人之子,以心计,年十三侍中。三人言利,事析秋毫矣。

〔译文〕

于是朝廷任命东郭咸阳和孔仅担任大农丞,主管盐和铁的事务。

桑弘羊因为擅长计算而受到重用。东郭咸阳是齐国的大盐商,孔仅是南阳的大铁商,他们都通过经营各自的产业积累了千金之财。桑弘羊是一个洛阳商人的儿子,凭借心算的才能,十三岁就当上了侍中。所以这三人谈论财利之事能精细入微。

〔原文〕

诏禁民敢私铸铁器、煮盐者钛左趾,没入其器物。公卿又请令诸贾人末作各以其物自占,率缗钱二千而一算;及民有轺车若船五丈以上者,皆有算。匿不自占,占不悉,戍边一岁,没入缗钱。有能告者,以其半畀之。其法大抵出张汤。汤每朝奏事,语国家用,日晏①,天子忘食。丞相充位,天下事皆决于汤。百姓骚动,不安其生,咸指怨汤。

〔注释〕

① 日晏:天色已晚。晏,晚。

〔译文〕

朝廷下诏禁止百姓私自铸造铁器和煮盐,违犯者要处以钳左脚脚趾的刑罚,并没收其工具和产物。公卿大臣们又请求朝廷下令,让各种商人和小手工业者各自申报自己的财产,按照每两千缗钱征收一算的税;还有,百姓拥有轺车或长度超过五丈的船只的,都要征收算赋。隐瞒不申报财产,或者申报不完全的,要到边境服役一年,并没收其财产。有人能够告发的,就将没收财产的一半给予他作为奖励。这些法令大多出自张汤之手。张汤每次上朝奏报政事,谈论国家财政开支的情况，常常到很晚，以至于皇帝都忘记了吃饭。丞相只是空居其位，天下的政事都由张汤来决断。百姓因此骚动不安，生活不得安宁，都指责怨恨张汤。

〔原文〕

初，河南人卜式，数请输财县官以助边，天子使使问式："欲官乎？"式曰："臣少田牧，不习仕宦，不愿也。"使者问曰："家岂有冤，欲言事乎？"式曰："臣生与人无分争，邑人贫者贷之，不善者教之，所居人皆从式，式何故见冤于人！无所欲言也。"使者曰："苟如此，子何欲而然？"式曰："天子诛匈奴，愚以为贤者宜死节于边，有财者宜输委，如此而匈奴可灭也。"上由是贤之，欲尊显以风百姓，乃召拜式为中郎，爵左庶长，赐田十顷，布告下天，使明知之。未几，又擢式为齐太傅。

〔译文〕

当初，河南人卜式多次请求将家产捐献给官府以资助边防，天子派遣使者询问卜式："你想做官吗？"卜式说："我从小耕田放牧，不熟悉官场事务，不愿意做官。"使者又问道："你家里莫非有什么冤屈，想要申诉吗？"卜式说："我一生与人没有纷争，对于同乡中贫困的人就借钱给他们，对于行为不端的人就教导他们改过，我居住的地方的人都敬服我，我怎么会受冤屈呢！没有什么想要申诉的。" 使者说："如果真是这样，那你为什么要这样做呢？"

卜式说："天子讨伐匈奴，鄙人认为贤能的人应该在边疆为国捐躯，有财产的人应该捐献出来，只有这样才能消灭匈奴。"皇上因此认为卜式贤德，想要给予他尊贵的地位和显赫的荣誉，用来教化百姓，于是召见并任命卜式为中郎，授予左庶长的爵位，赏赐田地十顷，并向天下公告，使大家都知晓这件事。不久，又提拔卜式担任齐国的太傅。

汉纪十二

世宗孝武皇帝中之下·元狩五年（癸亥，公元前118年）

〔原文〕

罢三铢钱，更铸五铢钱。于是民多盗铸钱，楚地尤甚。

〔译文〕

停止使用三铢钱，改而铸造五铢钱。于是百姓中出现大量私铸钱币的现象，其中以楚地最为严重。

世宗孝武皇帝中之下·元狩六年（甲子，公元前117年）

〔原文〕

上既下缗钱令而尊卜式，百姓终莫分财佐县官，于是杨可告缗钱纵矣。义纵①以为此乱民，部吏捕其为可使者。天子以纵为废格沮事，弃纵市。

〔注释〕

① 义纵：西汉河东人，在汉武帝时期以执法严酷著称。他曾任长陵令和长安令，后升任河内都尉，任内铲除了当地的豪强势力穰氏一族。之后调任南阳太守，又打击了当地的豪强宁氏、孔氏和暴氏等，迫使他们纷纷逃亡。在担任定襄太守期间，他曾一日之内处决四百余人，使得郡中上下都感到恐惧。最终，义纵官至右内史，后因反对"告缗令"而被治罪处死。

〔译文〕

皇上颁布了缗钱令并尊崇卜式之后，百姓始终不愿拿出财产资助官府，于是由杨可负责，大规模推行告发隐匿财产的政策。义纵认为这种做法是扰乱百姓，便命令手下官吏逮捕那些为杨可效力的人。皇帝认为义纵这是违抗法令、阻挠政事，便将他处死并弃市示众。

〔原文〕

自造白金、五铢钱后，吏民之坐盗铸金钱死者数十万人，其不发觉者不可胜计，天下大抵无虑皆铸金钱矣。犯者众，吏不能尽诛。

〔译文〕

自从铸造白金币和五铢钱之后，官吏和百姓因为私自铸造钱币而被处死的就有数十万人，那些没有被发现的更是数不胜数，天下百姓大概都参与了私铸钱币。因为触犯这项法律的人太多，官吏不可能把他们全部杀光。

世宗孝武皇帝中之下·元鼎二年（丙寅，公元前115年）

【原文】

是岁，孔仅为大农令，而桑弘羊为大农中丞，稍置均输，以通货物。

白金稍贱，民不宝用，竟废之。于是悉禁郡、国无铸钱，专令上林三官铸钱，令天下非三官钱不得行。而民之铸钱益少，计其费不能相当，惟真工、大奸乃盗为之。

浑邪王既降汉，汉兵击逐匈奴于幕北①，自盐泽②以东空无匈奴，西域道可通。于是张骞建言："乌孙王昆莫本为匈奴臣，后兵稍强，不肯复朝事匈奴，匈奴攻不胜而远之。今单于新困于汉，而故浑邪地空无人，蛮夷俗恋故地，又贪汉财物，今诚以此时厚币赂乌孙，招以益东，居故浑邪之地，与汉结昆弟③，其势宜听，听则是断匈奴右臂也。既连乌孙，自其西大夏之属皆可招来而为外臣。"天子以为然，拜骞为中郎将，将三百人，马各二匹，牛羊以万数，赍金币帛直数千巨万；多持节副使，道可便，遣之他旁国。

【注释】

① 幕北：漠北。
② 盐泽：古泽名，即今新疆罗布泊。
③ 昆弟：兄弟。

[译文]

　　这一年，孔仅担任大农令，桑弘羊担任大农中丞，开始逐步设立均输官，用来调剂各地物资，促进商品流通。

　　白金币的价格逐渐下跌，百姓不喜欢用，最终被废止。于是朝廷全面禁止各郡、国铸造钱币，只允许由朝廷的上林三官负责铸造，规定天下流通的钱币必须是三官钱。百姓私铸钱币的情况变得越来越少，因为他们核算下来发现铸钱的成本与收益不成正比，只有技艺高超的工匠和不法大奸商才会私自铸造。

　　浑邪王投降汉朝之后，汉军将匈奴驱逐到漠北，从盐泽以东再没有匈奴的踪迹，通往西域的道路畅通无阻。于是张骞进言说："乌孙王昆莫原本是匈奴的臣属，后来势力逐渐强大，不愿再臣服于匈奴，匈奴攻打不下他们，就远离了他们。现在匈奴单于刚受到汉朝的重创，而原先浑邪王的领地空无一人，边远民族的风俗是眷恋故土，又贪图汉朝的财物，现在如果趁此机会用丰厚的财物拉拢乌孙，招引他们向东迁徙，居住在原先浑邪王的领地，与汉朝结为兄弟之国，他们很可能会听从。如果他们听从，就等于斩断了匈奴的右臂。与乌孙的联盟之后，从他们西边的大夏等国家都可以招徕使其成为汉朝的藩属。"天子认为张骞的建议很对，于是任命张骞为中郎将，率领三百人，每人配备两匹马，以及数以万计的牛羊，携带价值数千万的黄金和丝绸；还派遣了多位手持符节的副使，如果沿途有通往其他国家的道路，就派遣副使前往。

世宗孝武皇帝中之下·元封元年（辛未，公元前110年）

[原文]

先是，桑弘羊为治粟都尉，领大农，尽管天下盐铁。弘羊作平准之法，令远方各以其物如异时商贾所转贩者为赋而相灌输。置平准于京师，都受天下委输。大农诸官，尽笼天下之货物，贵即卖之，贱则买之，欲使富商大贾无所牟大利，而万物不得腾踊。至是，天子巡狩郡县，所过赏赐，用帛百余万匹，钱金以巨万计，皆取足大农。弘羊又请令吏得入粟补官及罪人赎罪。山东漕粟益岁六百万石，一岁之中，太仓、甘泉仓满，边余谷，诸物均输，帛五百万匹，民不益赋而天下用饶。于是弘羊赐爵左庶长，黄金再百斤焉。

是时小旱，上令官求雨。卜式言曰："县官当食租衣税而已，今弘羊令吏坐市列肆，贩物求利。烹弘羊，天乃雨。"

[译文]

在此之前，桑弘羊担任治粟都尉，兼管大农事务，总管全国的盐铁事务。桑弘羊制定了平准法，要求各地官府像以往商人贩运货物那样，将各自的特产作为赋税互相调运。在京城设置平准官署，统一接收来自各地的物资。大农所属的各级官员，全面掌控天下的货物，价格高就卖出，价格低就买入，目的是使富商大贾无法从中获取暴利，防止物价飞涨。到这个时候，天子巡视各地郡县，所到之处的赏赐，用掉的丝绸超过百万匹，金钱更是以亿来计算，这些都由大农府库充分供给。桑弘羊又请求朝廷下令，允许小吏通过捐献粮食来获得官职，也允许犯人通过这种方式来赎罪。崤山以东地区每年通过漕运运来的粮食比原定数额多出六百万石，一年之内，太仓和甘泉宫的粮仓都装满了粮食,边境也有了余粮;各种物资通过调运,都有盈余,丝帛有五百万匹。百姓没有增加赋税负担,而国家的财用却变得充裕富足。于是,汉武帝授予桑弘羊左庶长的爵位,并赏赐给他二百斤黄金。

　　这一年发生了不太严重的旱灾,皇上下令官员们求雨。卜式进言道:"朝廷官员应该仅仅依靠收取租税来维持生活,如今桑弘羊却让官吏在市场上开设店铺,做买卖来谋取私利。烹杀桑弘羊,天就会下雨。"

汉纪十四

世宗孝武皇帝下之下·征和四年(壬辰,公元前89年)

【原文】

　　丁巳①,以大鸿胪田千秋为丞相,封富民侯。千秋无他材能、术学,又无伐阅②功劳,特以一言寤③意,数月取宰相,封侯,世未尝有也。然为人敦厚有智,居位自称,逾于前后数公。

【注释】

① 丁巳:此指六月的丁巳日,即二十五日。
② 伐阅:功绩与资历。
③ 寤:通"悟",觉悟。

【译文】

　　六月二十五日,汉武帝任命大鸿胪田千秋为丞相,并封他为富民侯。田千秋没有其他突出的才能和术数学问,也没有值得称道的功绩和资历,仅仅因为一句话使皇帝醒悟,就在短短几个月内官拜宰相,并被封侯,这在世上是未曾有过的。然而他为人忠厚老实,富有智慧,担任丞相期间称职得体,胜过他前后几任丞相。

[原文]

先是搜粟都尉桑弘羊与丞相、御史奏言:"轮台①东有溉田五千顷以上,可遣屯田卒,置校尉三人分护,益种五谷;张掖、酒泉遣骑假司马为斥候;募民壮健敢徙者诣田所,益垦溉田,稍筑列亭,连城而西,以威西国,辅乌孙。"上乃下诏,深陈既往之悔曰:"前有司奏欲益民赋三十,助边用,是重困老弱孤独也。而今又请遣卒田轮台。轮台西于车师②千余里,前开陵侯③击车师时,虽胜,降其王,以辽远乏食,道死者尚数千人,况益西乎!曩者朕之不明,以军候弘上书,言:'匈奴缚马前后足置城下,驰言"秦人,我匄④若马。"'又,汉使者久留不还,故兴遣贰师将军⑤,欲以为使者威重也。古者卿、大夫与谋,参以蓍⑥、龟,不吉不行。乃者以缚马书遍视丞相、御史、二千石、诸大夫、郎、为文学者,乃至郡、属国都尉等,皆以'虏自缚其马,不祥甚哉'!或以为'欲以见强,夫不足者视人有余'。公车方士、太史、治星、望气及太卜龟蓍皆以为'吉,匈奴必破,时不可再得也'。又曰:'北伐行将,于鬴山⑦必克。封,诸将贰师最吉。'故朕亲发贰师下鬴山,诏之必毋深入。今计谋、卦兆皆反缪。重合侯⑧得虏候者，乃言'缚马者匈奴诅军事也'。匈奴常言'汉极大，然不耐饥渴，失一狼，走千羊'。乃者贰师败，军士死略离散，悲痛常在朕心。今又请远田轮台，欲起亭隧，是扰劳天下，非所以优民也，朕不忍闻！大鸿胪等又议欲募囚徒送匈奴使者，明封侯之赏以报忿，此五伯⑨所弗为也。且匈奴得汉降者常提挟搜索，问以所闻，岂得行其计乎！当今务在禁苛暴，止擅赋，力本农，修马复令，以补缺、毋乏武备而已。郡国二千石各上进畜马方略补边状，与计对。"

由是不复出军，而封田千秋为富民侯，以明休息，思富养民也。又以赵过为搜粟都尉。过能为代田，其耕耘田器皆有便巧，以教民，用力少而得谷多，民皆便之。

〔注释〕

① 轮台：古代西域地名，位于今天新疆维吾尔自治区轮台县的东南部。其前身为仑头国（或称轮台国），汉武帝时期被李广利攻灭后，汉朝在此设置使者校尉并实行屯田。汉武帝晚年著名的《轮台罪己诏》中的"轮台"即指此处。后来，轮台并入了龟（qiū）兹（cí）。

② 车师：古西域国名，原名姑师，汉宣帝时，分其地为车师前后两部，皆属西域都护。

③ 开陵侯：匈奴介和王成娩，西汉时人，因降汉而被封为开陵侯。

④ 匄：今作"丐"，给予或施与。

⑤ 贰师将军：李广利（？—前88），西汉中山（今河北定州）人，

因妹妹为汉武帝宠妃而受重用。公元前104年被任命为贰师将军，率军远征大宛（今中亚费尔干纳盆地），迫使大宛贵族杀死其国王投降，汉军获得良马数千匹。公元前100年被封为海西侯。后与匈奴作战失败投降，最终被匈奴人所杀。

⑥ 蓍（shī）：占卦的代称。

⑦ 釜（fǔ）山：后作"釜山"，古山名。大约在今河北怀来东，一说在今保定市徐水区西。

⑧ 重合侯：莽通（？—前88年），本名马通，西汉军事人物，马援曾祖。因明德皇后马氏厌恶其先人谋反，所以改其姓为"莽"。其先为赵国将领赵奢，号马服君，子孙以马为姓。一说为归顺汉朝的匈奴人。

⑨ 五伯（bà）：同"五霸"。

[译文]

　　此前，搜粟都尉桑弘羊与丞相和御史上奏说："轮台以东有五千多顷可以灌溉的田地，可以派遣士兵去屯田，设置三名校尉分别管理，增加五谷的种植；从张掖和酒泉派遣骑兵副将担任侦察任务；招募民间身强体壮、敢于迁徙的人到田地那里，开垦更多的灌溉田，逐渐修筑一系列亭障，连接成片向西延伸，以此来震慑西域各国，并辅助乌孙。"于是皇帝颁布诏书，深刻地陈述了以往的过错和悔恨，说："之前主管官员上奏想要增加百姓每人三十钱的赋税，用来资助边境的开支，这是加重老弱孤独之人的困境。现在又请求派遣士兵到轮台屯田。轮台在车师以西一千多里，之前开陵侯攻打车师的时候，虽然取得了胜利，迫使车师王投降，但因为路途遥远，缺乏粮食，在路上死去的士兵尚且有数千人，更何况是更西边呢！过去是因为朕不够明智，听信了军候弘的上书，上面说：'匈奴人把马的前后腿捆起来放在城下,并扬言说:"秦人,我送给你马。"'再加上汉朝的使者长期被扣留不归,才兴兵派遣贰师将军出征,是想以此来维护汉朝使者的威信。古时候,与卿大夫商议国家大事,要用蓍草和龟甲进行占卜,如果不吉利就不能行动。当时,朕把关于匈奴人捆马的奏书给丞相、御史、二千石官员,以及各位大夫、郎官、文学之士传阅,甚至下达到各郡和属国的都尉等官员,他们都认为'敌人自己捆绑战马,是非常不吉利的'!有人认为'这是敌人想要显示自己强大,通常实力不足的人才喜欢在别人面前炫耀自己拥有的东西'。朝廷的方士、太史、研究星象的官员、观察天象的官员以及负责占卜的官员都认为'这是吉兆,匈奴一定会被打败,这样的好时机不会再有第二次了'。他们还说:'这次北伐出兵,一定能在郦山取得胜利。占卜的结果显示,各位将领中,派贰师将军去是最吉利的。'因此朕亲自派遣贰师将军从郦山出兵,并下诏命令他一定不要深入敌境。现在看来,之前的计谋和占卜的结果全都错了。重合侯抓获了匈奴的侦察兵,他们说'匈奴人捆绑战马是为了诅咒汉军的军事行动'。匈奴人经常说'汉朝疆域辽阔,但是汉人不耐饥渴,失去一只狼,就会损失上千只羊'。之前贰师将军战败,士兵们或战死,或被俘虏,或四散逃亡,我对此常常感到悲痛。现在又请求派人到遥远的轮台去屯田,想要修筑亭障,这是扰乱天下百姓,不是优待百姓的做法,我实在不忍心听到这样的建议!大鸿胪等人又提议招募囚犯护送匈奴使者回国,并以封侯作为奖赏,让他们去刺杀匈奴单于来报仇雪恨,这种事是春秋五霸都不屑于做的。而且匈奴抓到汉朝的投降者,常常会仔细搜查并盘问他们所知道的情况,这个计谋又怎么能够成功呢!当务之急在于禁止官吏对百姓苛刻暴虐的行为,停止擅自增加赋税的做法,努力发展农业，恢复养马免除徭役赋税的法令，以此来补充战马的损失，不使国家的军事装备有所欠缺。各郡国的二千石官员要分别上报各自辖区内畜养马匹以补充边防的计划，并与负责户籍和财政的官员一同到京城奏对。"

从此，汉武帝不再出兵远征，并封田千秋为富民侯，以此来表明他要让百姓休养生息，希望能使百姓富裕起来。汉武帝又任命赵过为搜粟都尉。赵过擅长代田法，他在耕作技术和农具制造方面都有巧妙的改进，他把这些技术教给百姓，使百姓花费较少的力气就能获得更多的粮食，百姓都觉得很方便。

汉纪十九

中宗孝宣皇帝①下·五凤四年（丁卯，公元前54年）

〔原文〕

大司农中丞耿寿昌②奏言："岁数丰穰，谷贱，农人少利。故事：岁漕关东谷四百万斛以给京师，用卒六万人。宜籴三辅③、弘农④、河东、上党、太原郡谷，足供京师，可以省关东漕卒过半。"上从其计。寿昌又白："令边郡皆筑仓，以谷贱增其贾而籴，以利农，谷贵时减贾而粜，名曰常平仓。"民便之。上乃下诏赐寿昌爵关内侯。

〔注释〕

① 中宗孝宣皇帝：汉宣帝刘询（前91—前48），西汉第十位皇帝，

其庙号为"中宗",正式谥号为"孝宣皇帝"。

② 耿寿昌:西汉时人,在汉宣帝时担任大司农中丞,他倡议在西北各郡设立常平仓,通过在粮价低时高价收购、粮价高时低价出售的方式来稳定粮价,以此扶持农业生产。后因功被封为关内侯。

③ 三辅:西汉景帝二年(公元前155年),朝廷将内史府一分为二,设立左、右内史,与主爵都尉共同管理京城长安及其周边地区,因这三个机构共同辅佐京畿,故合称"三辅"。

④ 弘农:郡名,西汉元鼎四年(前113年)置,治所在弘农县(今河南灵宝市北部)。其管辖范围大致包括今天河南省黄河以南、宜阳以西的洛河、伊河、浙川等流域,以及陕西省洛河、社川河上游和丹江流域的部分地区。

[译文]

大司农中丞耿寿昌上奏说:"连续几年都是丰收年,粮食价格低廉,农民获利很少。按照以往的惯例,每年都要从函谷关以东的地区调运四百万斛粮食来供给京城,需要动用六万名士兵运输。应该在三辅、弘农、河东、上党、太原这些郡购买粮食,足够供应京城的需求,这样可以节省一半以上从函谷关以东调运粮食的士兵。"皇帝采纳了他的建议。耿寿昌又进言道:"应该命令边境各郡都修建粮仓,在粮食价格低的时候提高价格收购,来使农民获利,在粮食价格高的时候降低价格出售,这种粮仓叫'常平仓'。"百姓都觉得从中受益。于是皇帝下诏授予耿寿昌关内侯的爵位。

汉纪二十

孝元皇帝①上·初元元年(癸酉,公元前48年)

[原文]

上素闻琅邪王吉②、贡禹皆明经洁行，遣使者征之。吉道病卒。禹至，拜为谏大夫。上数虚己问以政，禹奏言："古者人君节俭，什一而税，亡他赋役，故家给人足。高祖、孝文、孝景皇帝，宫女不过十余人，厩马百余匹。后世争为奢侈，转转益甚；臣下亦相放效。臣愚以为如太古难，宜少放古以自节焉。方今宫室已定，无可奈何矣；其余尽可减损。故时齐三服官，输物不过十笥；方今齐三服官，作工各数千人，一岁费数巨万，厩马食粟将万匹。武帝时，又多取好女至数千人，以填后宫。及弃天下，多藏金钱、财物，鸟兽、鱼鳖凡百九十物；又皆以后宫女置于园陵。至孝宣皇帝时，陛下恶有所言，群臣亦随故事，甚可痛也！故使天下承化，取女皆大过度，诸侯妻妾或至数百人，豪富吏民畜歌者至数十人，是以内多怨女，外多旷夫③。及众庶葬埋，皆虚地上以实地下。其过自上生，皆在大臣循故事之罪也。唯陛下深察古道，从其俭者。大减损乘舆服御器物，三分去二；择后宫贤者，留二十人，余悉归之，及诸陵园女无子者，宜悉遣；厩马可无过数十匹，独舍长安城南苑地，以为田猎之囿。以方今天下饥馑，可无大自损减以救之称天意乎！天生圣人，盖为万民，非独使自娱乐而已也。"天子纳善其言，下诏，令诸宫馆希御幸者勿缮治，太仆减谷食马，水衡减肉食兽。

[注释]

① 孝元皇帝：汉元帝刘奭（shì）（前74—前33），西汉第十一位皇帝，

其正式谥号为"孝元皇帝"。

② 王吉：西汉大臣。字子阳，琅邪皋虞（今山东即墨东北）人。

③ 旷夫：没有妻子的成年男子。

[译文]

　　皇帝一向听说琅邪的王吉和贡禹都精通儒家经典，品行高洁，于是派遣使者去征召他们。王吉在路上因病去世。贡禹到达后，被任命为谏大夫。皇帝多次虚心向贡禹询问政事，贡禹进奏说："古代的君主都非常节俭，只征收十分之一的赋税，没有其他的赋税和徭役，所以家家户户都生活富足。汉高祖、汉文帝、汉景帝时期，宫女不超过十几人，马厩里的马也不过一百多匹。后来的君主竞相追求奢侈，而且越来越严重；臣子们也互相效仿。臣下愚钝地认为完全效法上古时期比较困难，但应该稍微效法古代的制度来约束自己。如今宫室已经建造完毕，对此也没有办法改变了；但其他方面的开支完全可以减少。过去齐地负责皇家服饰的官署，每年进贡的物品不过十个竹箱；现在齐地的这三处官署，每处都有数千名工匠，一年的花费数以亿计，马厩里供养的马匹将近一万匹。汉武帝时期，又大量选取美女，多达数千人，来充斥后宫。等到驾崩的时候，陵墓中大量陪葬金钱、财物，以及各种鸟兽鱼鳖等共一百九十种物品；而且把后宫的女子都安置在园陵中。到了孝宣皇帝的时候，陛下（您）对此也难以置喙，群臣也只是遵循旧例，这真是令人痛心！因此导致天下人都效仿这种风气，娶妻纳妾都非常过分，诸侯的妻妾有的甚至有数百人，豪门富户和官吏百姓蓄养的歌妓也有数十人，因此宫廷中有很多幽怨的女子，民间也有很多娶不到妻子的成年男子。至于普通百姓的丧葬，也是把地上的财物都埋到地下。这种过错是由上层引起的，都是大臣们遵循旧例的罪过。希望陛下深入考察古代的治国之道，效法其中节俭的人物。

大幅度减少皇帝的车驾、服饰和器物，减少三分之二；从后宫中挑选贤良的女子，只留下二十人，其余的全部遣送回家，以及各陵园中没有生育子女的女子，也应该全部遣回；马厩里的马可以不超过几十匹，只留下长安城南边的苑囿，作为田猎的场所。现在天下正遭受饥荒，难道不应该大幅度地减少开支来救济百姓，以顺应天意吗？上天降生圣明的君主，是为了治理万民，而不是仅仅为了让他自己享乐。"皇帝采纳了贡禹的正确言论，下诏命令那些很少有皇帝临幸的宫殿不要再修缮，命令太仆减少供马匹食用的谷物，命令水衡官署减少供养的肉食动物。

汉纪二十九

王莽中·始建国元年（己巳，公元9年）

[原文]

夏，四月，徐乡侯刘快结党数千人，起兵于其国。快兄殷，故汉胶东王，时为扶崇公。快举兵攻即墨①，殷闭城门，自系狱。吏民距快。快败走，至长广死。莽赦殷，益其国满万户，地方百里。

莽曰："古者一夫田百亩，什一而税，则国给民富而颂声作。秦坏圣制，废井田，是以兼并起，贪鄙生，强者规田以千数，弱者曾无立锥之居。又置奴婢之市，与牛马同阑②，制于民臣，颛断③其命，缪于'天地之性人为贵'之义。汉氏减轻田租，三十而税一，常有更赋，罢癃④咸出；而豪民侵陵，分田劫假。厥名三十税一，实什税五也。故富者犬马余菽粟，骄而为邪；贫者不厌糟糠，穷而为奸。俱陷于辜，刑用不错。今更名天下田曰'王田'，奴婢曰'私属'，皆不得卖买。其男口不盈八而田过一井者，分余田予九族、邻里、乡党。故无田、今当受田者，如制度。敢有非井田圣制、无法惑众者，投诸四裔，以御魑魅，如皇始祖考虞帝故事！"

〔注释〕

① 即墨：古邑、古县名，西汉为胶东国治所，在今山东平度市东南。
② 阑：同"栏"。
③ 颛断：独自决断。颛，通"专"。
④ 罢（pí）癃（lóng）：病废不能做事。

〔译文〕

　　夏季四月，徐乡侯刘快纠集了数千人，在他的封地发动叛乱。刘快的哥哥刘殷，原是汉朝的胶东王，当时被改封为扶崇公。刘快率兵攻打即墨城，刘殷关闭城门，把自己囚禁起来。官吏和百姓都抵抗刘快。刘快战败逃走，逃到长广后死去。王莽赦免了刘殷，增加了他的封地，达到一万户，面积方圆一百里。

　　王莽说："古代一个人耕种一百亩田地，征收十分之一的赋税，那么国家就能供给充足，百姓就能富裕，赞颂的歌声就会兴起。秦朝破坏了圣人的制度，废除了井田制，因此土地兼并的现象开始出现，贪婪卑鄙的行为也随之产生，强大的豪强侵占田地数以千计，弱小的人甚至连立锥之地都没有。又设置了买卖奴婢的市场，把他们和牛马关在同一个栏里，任由地方官吏控制，独自决断他们的生死,这违背了'天地间万物以人为贵'的道理。汉朝减轻了田租,实行三十税一的制度,但经常有徭役赋税,即使是因病残而丧失劳动力的人也要出赋税;而且豪强地主侵占欺压百姓,通过分割田地、高利贷等手段进行掠夺。名义上是三十税一,实际上却相当于十分之五的税收。所以富人家的粮食狗马都吃不完,骄奢淫逸,胡作非为;穷人却连酒糟糠麸都不够吃,因为贫困而铤而走险。结果都陷入了犯罪的境地,刑罚就不得不施用。现在更改天下所有的田地名称为'王田'、奴婢的名称为'私属',都禁止买卖。如果家中的成年男子不足八人,而占有的田地却超过一井(古代井田制一井为九百亩),就要把多余的田地分给同族、邻居和乡里。原本没有田地、现在应当分到田地的人,按照制度执行。胆敢反对井田这种圣人创立的制度,用不合法的言论迷惑百姓的人,就把他们流放到边远的地区,用来抵御鬼怪,就像始祖虞舜帝惩罚四凶的旧例一样!"

王莽中·始建国二年(庚午,公元10年)

[原文]

春,二月,赦天下。

国师公刘秀言:"周有泉府之官,收不售,与欲得,即《易》所谓'理财正辞,禁民为非'者也。"莽乃下诏曰:"《周礼》有赊贷,《乐语》有五均,传记各有焉。今开赊贷、张五均、设诸筦者,所以齐众庶,抑并兼也。"遂于长安及洛阳、邯郸、临菑、宛、成都立五均司市、钱府官。司市常以四时仲月定物上中下之贾，各为其市平。民卖五谷、布帛、丝绵之物不售者，均官考检厥实，用其本贾取之；物贵过平一钱，则以平贾卖与民；贱减平者，听民自相与市。又民有乏绝欲赊贷者，钱府予之；每月百钱收息三钱。

又以《周官》税民，凡田不耕为不殖，出三夫之税；城郭中宅不树艺者为不毛，出三夫之布；民浮游无事，出夫布一匹；其不能出布者冗作，县官衣食之。诸取金、银、连、锡、鸟、兽、鱼、鳖于山林、水泽及畜牧者，嫔妇桑蚕、织纴、纺绩、补缝，工匠、医、巫、卜、祝及他方技，商贩、贾人，皆各自占所为，于其所之县官，除其本，计其利十分之，而以其一为贡；敢不自占，自占不以实者，尽没入所采取而作县官一岁。

羲和鲁匡复奏请榷酒酤，莽从之。又禁民不得挟弩、铠，犯者徙西海①。

〔注释〕

① 西海：郡名，王莽于西汉元始四年（公元4年）在羌人居住地设置，治所在今青海省海晏县，辖境大致为今日青海湖周边区域，新莽末年被废除。

〔译文〕

春季二月，大赦天下。

国师刘歆进言："周朝设有泉府这样的官职，负责收购民间滞销的货物，并将这些货物供给有需要的人，这正是《易经》所说的'管理财政，端正言辞，禁止百姓做不合法的事情'的体现。"王莽于是下诏说："《周礼》中有关于赊贷的记载，《乐语》中提到了五均制度，其他史籍中也有关于管理市场的记载。现在推行赊贷、设立五均、设置各种市场管理机构，是为了调节百姓的经济生活，抑制豪强兼并土地。"于是（王莽）在长安以及洛阳、邯郸、临淄、宛、成都设立五均司市和钱府的官职。司市通常在每个季节的第二个月评定货物上、中、下三等价格，以此来稳定各地的市场物价。百姓出售的粮食、布匹、丝绵等物品如果卖不出去，由均官核实情况后，按照其原价收购；如果物价高于平均价格一文钱，就用平均价格卖给百姓；如果物价低于平均价格，就允许百姓自由交易。此外，百姓如生活有困窘需要借贷的，钱府就借钱给他们；每月每百钱收取三文钱的利息。

此外，根据《周官》的制度向百姓征税，凡是田地不耕种的，称为"不殖"，要缴纳三个成年男子的赋税；城郭中的住宅不种植树木的，称为"不毛"，要缴纳三个成年男子的布匹；百姓如果游手好闲、无所事事，要缴纳布匹一匹；那些交不起布匹的，就让他们服劳役，由官府供给衣食。凡是在山林、水泽中开采金、银、铅、锡，捕猎鸟、兽，捕捞鱼、鳖的人，以及从事畜牧的人，还有妇女从事养蚕、织布、纺线、缝补等工作的，工匠、医生、巫师、占卜者、祭祀以及其他有技艺的人，商人和小贩，都要各自申报自己的经营所得，到所在地的县官处，扣除成本后，计算利润的十分之一作为贡税上交；胆敢不申报，或者申报不真实的，全部没收其所得，并处以服役一年。

羲和鲁匡再次上奏请求实行酒类专卖，王莽同意了。此外，还禁止百姓私藏弓弩、铠甲，违犯者流放到西海。

〔原文〕

十二月，雷。

莽以钱币讫不行，复下书曰："宝货皆重则小用不给，皆轻则儎载烦费；轻重大小各有差品，则用便而民乐。"于是更作金、银、龟、贝、钱、布之品，名曰宝货。钱货六品，金货一品，银货二品，龟货四品，贝货五品，布货十品，凡宝货五物、六名、二十八品。铸作钱布，皆用铜，殽以连、锡。百姓溃乱，其货不行。莽知民愁，乃但行小钱直一与大钱五十，二品并行；龟、贝、布属且寝。盗铸钱者不可禁，乃重其法，一家铸钱，五家坐之，没入为奴婢。吏民出入持钱，以副符传，不持者厨传①勿舍，关津苛留。公卿皆持以入宫殿门，欲以重而行之。是时百姓便安汉五铢钱，以莽钱大小两行，难知，又数变改，不信，皆私以五铢钱市买；讹言大钱当罢，莫肯挟。莽患之，复下书："诸挟五铢钱、言大钱当罢者，比非井田制，投四裔！"及坐卖买田宅、奴婢、铸钱，自诸侯、卿大夫至于庶民，抵罪者不可胜数。于是农商失业，食货俱废，民人至涕泣于市道。

莽之谋篡也，吏民争为符命，皆得封侯。其不为者相戏曰："独无天帝除书乎？"司命陈崇白莽曰："此开奸臣作福之路而乱天命，宜绝其原。"莽亦厌之，遂使尚书大夫赵并验治，非五威将率②所班，皆下狱。

〔注释〕

① 厨传：供应食宿和车马的旅店。
② 五威将率：五威将帅，西汉末年王莽称帝后设立的官职。设五威将各一人，每位五威将下辖左、右、前、后、中五位帅，合称五

威将帅。五威将持节，号称"太一之使"；五位帅持幢，号称"五帝之使"。他们奉符命，持有印绶，身着五色官服，巡行各地，以威慑天下。"五威"意为威震五方。

〔译文〕

十二月，有雷声。

王莽因为货币始终无法流通，再次下诏说："宝货都是大面额的，那么小额交易就无法进行，如果都是小面额的，那么运输就会非常麻烦；只有轻重大小各有不同的等级，才能方便使用，百姓也会感到满意。"于是重新制定了金、银、龟、贝、钱、布等货币种类，统称为宝货。其中钱货六品，金货一品，银货二品，龟货四品，贝货五品，布货十品，总共有五类材质，六种名目，二十八个品类。铸造钱币都使用铜，并掺杂铅和锡。百姓因此感到困惑混乱，这些货币无法流通。王莽知道百姓为此忧愁，于是只发行面值一文的小钱和面值五十文的大钱，两种货币同时流通；龟货、贝货和布货暂时停止使用。私自铸造钱币的行为无法禁止，于是加重了相关的刑罚，一家铸钱，连带周围五家都要受牵连获罪，没收家产并将其收为奴婢。官吏和百姓出入都要携带钱币作为凭证，不携带的，旅店不予接待，在关卡和渡口也会受到严格盘查。公卿大臣都要携带钱币才能进入官殿大门，想以此来抬高钱币的地位，使其得以流通。当时，百姓都习惯使用汉朝的五铢钱，而王莽的钱币大小两种同时流通，难以辨别，又频繁改制，使人难以信任，大家都私下用五铢钱进行交易买卖；市面上还流传着大钱要被废除的谣言，没有人愿意持有。王莽恐生祸患，又下诏书："私自持有五铢钱者，以及散布大钱应当罢免的言论者，按照非议井田制的罪名处置，流放到边疆。"这个罪行后来又连坐到买卖田宅、奴婢和私自铸钱方面，从诸侯、卿大夫到平民，获罪的人不可胜数。因此农民和商人纷纷失业，经济完全崩溃，百姓甚至在大街上哭泣。

　　王莽策划篡位时，官吏和百姓争相制造祥瑞符命，以此来获得封侯。那些没有这样做的人，互相开玩笑说："难道你没有接到天帝的任命书吗？"司命陈崇向王莽进言说："这样做会为奸臣开启一条谋取私利、扰乱天命的道路，应该从根源上杜绝。"王莽对此也感到厌恶，于是派尚书大夫赵并负责查验审理，凡不是五威将帅颁布的符命，一律逮捕入狱。

王莽中·天凤元年（甲戌，公元14年）

〔原文〕

　　莽复申下金、银、龟、贝之货，颇增减其贾直，而罢大、小钱，改作货布、货泉二品并行。又以大钱行久，罢之恐民挟不止，乃令民且独行大钱；尽六年，毋得复挟大钱矣。每一易钱，民用破业而大陷刑。

〔译文〕

　　王莽再次颁布法令，恢复使用金货、银货、龟货、贝货等货币，并对它们的价值进行了调整，同时废除了大钱和小钱，改用新铸造的货布和货泉两种货币并行流通。又因为大钱已经流通了很长时间，担心直接废除后百姓私藏不肯交出，就下令允许百姓暂时单独使用大钱；六年到期，就绝对不允许再私藏大钱了。每一次更换货币，百姓都会倾家荡产，因此很容易触犯法律，遭受刑罚。